新 潮 文 庫

身体から革命を起こす

甲野善紀
田中　聡
著

新 潮 社 版

8253

はじめに

田中　聡

甲野《こうの》善紀《よしのり》という武術家に私が出会ったのは一九九四年、さまざまな職業人の突出した感覚について訊《き》くという趣旨で雑誌に連載していた記事のために稽古《けいこ》の場を訪れたときだった。記事の趣旨には外れるかもしれないという不安があったが、著書を読んで、ぜひ一度お会いしてみたいと思っていたので、思いきって取材を申し込んだのだった。

その不安は、半分あたっていた。当時の私は漠然とながら、鋭敏な感覚というものを微細な差異を弁別する五感の能力として理解していたからである。しかし、甲野師範の話から浮かび上がる感覚像は、身体《からだ》の運動と切り離せなかったし、五感のいずれに属すとも言いがたく、また術者本人より技にかかる側の感覚について思いがけない面白さを感じさせたりもして、非常に興味深い一方、いったい誰が、何を感覚しているという話なのかが分明になりがたかった。説明がわかりやすいだけに、実際に技を受けたときの印象との落差に、その曖昧《あいまい》さがきわだった。

そのおかげで、感覚というものの面白さに気づかされたのだった。以来、甲野師範の指導する稽古会に通い、身体や感覚について考える機会とさせてもらい、多くのことを学ばせていただいた。

本書は、甲野師範の技法や、その影響を受けたさまざまな分野の方々の活動について紹介している。それらを通じて伝えたかったのは、人間の身体や感覚にはいまだ知られざる奥深さや面白さがあるということであり、現代社会がそれをどのように封じているかということだったと思う。もし、読者の方々が身体や感覚について考えるきの材料になりえたなら、とても嬉《うれ》しい。

なお本書には、身体教育研究所の野口裕之《のぐちひろゆき》所長に学んだことの影響も非常に大きいことをお断りしておきたい。

本書は甲野善紀と田中聡の共著という体裁をとってはいるが、本書に登場いただいた多くの方々のご協力なくしては成りえず、そのすべての方々との共著と言ってもいいと思う。というより、今、それぞれの分野でなんらかの変革をうながしつつある身体たちが、たがいを見知らぬままにも響きあい、ここにひとつの雫《しずく》を落としたのだと言ってみたい気もする。そのような本になっていたなら本望である。とはいえ、文責は田中にある。取材に長い時間を割いていただきながら、文中に多くを反映できなかった方も多く、あらためて感謝とお詫《わ》びを申しあげます。

また、このような機会を与えてくださった甲野善紀師範と新潮社の足立真穂さんに感謝いたします。

平成十六年十二月

※平成十七年の単行本刊行からこの文庫版刊行までの間に、本書に登場していただいた各氏の中には、肩書、所属等の変った方もいらっしゃいますが、本文中では、取材時のままとさせていただきました。

目次

本文写真　島田啓一・佐藤慎吾
（新潮社写真部）

身体から革命を起こす

第一章　ナンバ的身体《からだ》の衝撃

ふいに後ろから斬《き》りかかってきた敵の刃《やいば》をスルリとかわした瞬間、いつのまに抜いたか、切っ先はすでに刺客の喉笛《のどぶえ》にあてられ――

こんな時代劇の一シーンは、ほとんどの日本人にとって、現実とファンタジーとの境界線上にある（欧米人にとっては、たんなるナンセンスであるらしい）。日本の場合は、剣の達人ならそのくらいできて当然という了解が観客には共有されているが、だからといって現実にそんなことができたと信じられているわけでもない。なんとなく見慣れた約束ごとのようなもの。だから、どうすれば現実にできるか、などと真剣に考えた人も、あまりいないだろう。

だが、境界領域に踏み出す者だけが、新しい世界を知ることができる。

甲野善紀は、ほとんど伝説と化してしまった江戸時代の剣客たちの妙技を、現実にあったことだと確信し、みずからの身に再現すべく、探求をつづけてきた。

そうして見えてきたものは、今日の常識とされている運動論とはまったく異質な身体の使い方だった。

それは、武術やスポーツにかぎらず、人間の営みのすべてについて、今とは別の方途がありうるという可能性を示している。

なぜなら、人のなすことはすべて、身体によってなされているからである。

それで今、さまざまな分野の人々が甲野に注目し、その技法を学ぼうとしている。

彼らは、ただ甲野の動きを応用しようとしているばかりではなく、それぞれの分野の硬直し肥大化したシステムに風穴をあけようとしている。より有効な動きを追求するだけのことが、否応《いやおう》なく、そのような闘いを招いてしまうのだ。

その闘いには、今日の我々の身体の置かれている状況が映し出されている。

本書は、甲野の技とともに、そうした人々の活動や考えを紹介し、またかつての日本文化の基底にあった身体について考察する。

それは同時に、今、身体から始まろうとしている革命の予兆の報告でもある。

武術の枠をこえて

二〇〇三年秋、甲野善紀は、二十五年間つづけてきた「武術稽古《けいこ》研究会」を解散し、みずからについても「武術を基盤とした身体技法の実践研究者」と称するようになった。

個人的には今も武術の研究をつづけていることに変わりはないが、対外的には「武術」という枠を外したのである。

もっとも、本人の意向など関知せずに、武術家として紹介されることも多いようだが、たしかに本人は武術を研究しているのだから、それも否定はできない。

それでも、その名乗りにこだわるのは、一つには、甲野の技に興味を寄せる異分野の人が増えているためだという。その人々のなかには、武術には興味がなかった、さらには抵抗があったという人たちもいる。「武術」というジャンルに、垣根を感じて近づきがたく思っていたというのである。だが、そうした人々が甲野の技に接すると、むしろ武術経験者以上に、素直に驚きや好奇心をあらわにして、より理解しようとし、そこでの知見をなんとか自分のかかわる分野に持ちかえろうとする。

その問題意識の持ち方や熱意、行動力が、甲野には嬉《うれ》しかったようだ。それで、そうした人々を近づきがたくさせがちな「武術」という枠を取り払おうとしたのである。もともと甲野の稽古は、ふつうに「武術」という言葉から連想されるような、試合、乱取《らんど》り、組み手、型稽古といったスタイルを持たない。相手が斬りかかってきたときにどうするかを考えるにしても、攻防の形や手順といったことより、それらの動きの根底にある身体の使い方そのものを検討するのである。

「私が研究してきたのは、剣術にも体術にも共通するような動きの原理、身体の使い方の原理ですから、スポーツにも応用できます。ただ、それは今日のスポーツの常識とはまったくちがった動きです。だからこそ現代のスポーツの常識では無理だと思い込まれてきたようなことを可能にするのです」

スポーツの常識と違うというのは、体幹部をねじらず、足で床を蹴《け》らない、つまり反動を利用することがないという点にある。しかも、よりねじらず、より蹴らずに動ければ、それだけ技としても生きてくる。

言い換えれば、できるだけ力《りき》まない、筋肉の緊張を用いない動きなのだ。いかにして筋力をより発揮させるかと考える一般のスポーツ科学の発想とは正反対なのである。

「歩くときは、足でいちいち地面を蹴るのではなく、前に倒れていきます。錘《おもり》を前に引っ張るとヨチヨチ歩くオモチャがありますが、それと同じように倒れていけば、蹴らなくてもツーツーツーと前に出ていきます。つまり体重を使って前に出ていくわけで、エネルギー低消費型の歩き方と言えます」

運動生理学では、筋肉が収縮して骨が関節を支点として動くのが人体であり、すべての運動はテコ状の運動の複合体として理解されている。柔道の技で大きな相手を倒せるのも、テコの原理を利用しているからだと説明される。

このテコの原理をより有効に使おうとする工夫が、身体を大きくねじることである。ボールを投げるときには、全身を思いきりねじって、そらし、鞭《むち》が撓《しな》うことによって先端が加速するようにして投げ込む。相手をダウンさせようというようなパンチも一般的には、ピッチングと同じく腕をいったん後ろに引くと同時に身体をねじって、その反動とともに拳《こぶし》に体重をのせて叩《たた》きこむと理解されている。

身体をねじらずに投げたボールや撃ったパンチに、威力があるとは思えない。日常でも、力をふるおうとするときの身体の使い方として、これは常識だろう。なにげなくねじっているようでも、その前提には身体をテコとバネとうねりの複合体とみなす身体観があるわけである。

だが、テコは、支点から作用点までの距離が長くなれば、逆に非効率になってしまう。また、柔道では、対戦相手も同じテコの原理で技をかけてくるのだから、結局は、大きい選手が有利ということになってくる。かつての柔術が謳《うた》った「小よく大を制す」ということが現状では、ただのスローガンになっている。事実、今日の柔道の試合は、体重別制で行われている。

バネ・テコ的身体観が浸透し、「小よく大を制す」は、時代劇のなかでだけお目にかかれる出来事になってしまったのである。

甲野が、このバネとテコの身体観を否定する具体的なキッカケをみつけたのは一九九二年。「井桁《いげた》崩し」と名づけた術理を発見したときだった。身体をねじらず、部分ごとにずらして動かすことで、相手から動きを察知されにくくなることに気づいたのである。

察知できない動きに対して、相手は力んで対応することができない。力を抜いたという意識はないのに、相手の動きを探ろうとして勝手に筋肉の緊張が解《と》けてしまうのだという。それで、対抗しようとするタイミングもとれないままに、したがって「やられた」という感じもせず、「あれ?」という不思議な気分を覚えつつ、倒れてゆく。

体格や体重の大小は、この技の効きにはあまり関係がない。「小よく大を制す」が、起こりうるのである。

しかも、甲野の技を受けてみた人の多くが、「気持ち良かった」と言う。多くの場合、無理やり倒されたという不快感がなく、まるで導かれるように倒れていく身体に爽快感《そうかいかん》さえ覚えるのである。

そのようなことを可能にする、ねじらない身体の使い方は、近代医学の解剖学的な身体観が一般に浸透する前、つまり江戸時代までの日本人の動きに通じている。着物を着崩すことなく歩いていたことでわかるように、かつての日本人は体幹部をねじらずに歩いていた。今日では「ナンバ」と呼ばれている歩き方である。

歩くことは、ごく日常的で基本的な動きであり、直立二足歩行を特徴とする人類にとっては、あらゆる動きの基盤といってもいいものだ。当然、剣術をふくめて、かつての日本の技芸は、すべて「ナンバ」で歩くような身体のうえで営まれていた。

甲野が現在「武術を基盤とした身体技法の実践研究者」と称するのは、その武術研究で追求してきたものが、そのような基盤となる動きだったからである。また、「武術」に垣根を感じるような人々までもが甲野に関心を寄せる理由も、そこにあろう。

そこで本書も、「歩き方」にかかわる話題から始めることにしようと思う。

ナンバ・ブームの到来

「ナンバ」という言葉は、最近ちょっとした流行語になっている。

「ナンバ」とは、右手と右足とが同時に前に出る歩き方であるというような説明とともに、江戸時代までの日本人の歩き方を指す名称としても使われている言葉である。その言い方が適切かどうかはさておき、今、それが、さまざまなスポーツに応用されて話題になり、さらには腰痛《ようつう》などの解消になるという「ナンバ健康法」まで登場、健康雑誌が特集したりするほどになっている。モンロー・ウォークなどのようなファッションとしての動きや姿勢でなく、身体の運用法を指して使われる言葉が流行するのは、かなり珍しいことだろう。

ほんの四、五年前には、『ニューヨークタイムズ』に「日本人は百五十年前まで、右手と右足、左手と左足を同時に出して歩いていた」という記事が掲載され、「現在でも、日本人の歩き方にはその名残がある」という「非常に極端な説」が書かれたといって、ニューヨーク在住の日本人の多くが「『なんだあの記事は』と激怒し」たという（『週刊現代』一九九九年六月五日号）ことを考えると、ずいぶんな違いである。今では、現代日本人にナンバ歩きの名残があるといっても、あっさり納得する人が多いのではなかろうか。

このナンバ・ブームの火付け役は、甲野であった。

どうやらニューヨークの日本人を怒らせたという『ニューヨークタイムズ』の記事も、その約二ヶ月前に朝日新聞に掲載された甲野と植島啓司関西大学教授（当時）との対談が情報源であった可能性が高いらしいのだが、その件を週刊誌で読んだ甲野は、「だから日本人は西欧人の真似《まね》のできない巧みな体さばきができるのだ、と誇ればいいのに」と思ったという。

ナンバという言葉やその動きについては四章で改めて詳述するが、かつてナンバについて論じられるといえば、多くが動作の様式としてであり、スポーツなどのうえで現代の動きではありえないような有効性を発揮すると主張されたことはなかった。それどころか、かつての日本人がナンバ歩きであったことを最初に指摘した武智鉄二《たけちてつじ》が考えたように、ナンバは素早く身体を動かすには不向きと思われてきた。

ところが、甲野は、その実効性を、きわめて劇的に体現してみせる。たとえば、バスケットボールやサッカーの一流選手のディフェンスをなんなく抜いたり、自分の倍ほども体重のあるアメリカンフットボールの選手のタックルをはじきとばしてみせるのだ。

その信じがたい動きが、「ナンバ」をベースとする古武術の動きの応用だというので、スポーツ界から「ナンバ」が注目されるようになったのである。

「ナンバ」的な動きを取り入れてすでに成果が見られた競技には、甲野が直接にかかわったものでは、バスケットボール、野球、サッカー、ラグビー、卓球、射撃、陸上競技、アイスホッケー、カバディ、ボクシング、フェンシング、ラクロス、ゴルフ、レスリング等々がある。

スポーツへの応用

朝日新聞大阪本社編集委員の石井晃《いしいあきら》氏は、甲野に武術のスポーツへの応用を積極的に考えさせるきっかけを作った人物だが、そのときの体験を次のように語る。

「甲野さんの技を見ていて、関西学院大学のアメフト部——何度も全国優勝している強いチームですが——に知り合いがいたもので、その武術の動きをアメフトに利用できないかなと思ったんです。手裏剣の投げ方は、クオーターバックの投げ方に使えないかとか、体のさばき方は、ラインのタックルに応用できないか、とか。甲野さんは、アメフトのルールもタックルも知らなかったんですけど。

それで、一度、稽古を見に行かないかと、アメフト部のコーチを誘ったんです。彼はセンスのよいコーチですから甲野さんの技を見たときには、びっくりして、どうやって導入すればいいかと考えていましたね。

それ以前にも、多少スポーツ関係者との交流はあったようですが、この時の体験が、甲野さんにとっても、本格的にスポーツに目を向けるきっかけになったのだろうと思います。その後、バスケットボールやいろいろなスポーツに関わっていってますね。いろいろやっていくうちに、サッカーならこうか、卓球ならこうかと、それぞれの競技のルールのなかで工夫するようになっていったんだと思います。

卓球の日本代表選手に、ラケットを持って教えているところを見たことがありますが、ラケットさばきが手裏剣につながるんですね。ルールは知らなくても、動きについては、これはどうすればいいかって工夫されていくんです。

中国から来た龍谷《りゅうこく》大学の王さんという卓球のコーチは、とんでもなく強い人なんですが、選手に動きを見せている彼の足の運びと甲野さんの足の運びがそっくりなんです。うねりがなくて、タメがない。『同じだ、同じだ』と、みんな口々に言っていました。

つまり、甲野さんの動きは、いろいろな場面で応用できる動きだと思うんです。ですから、いろいろな人の関心を呼び、取り入れられていくんですね。

甲野さんの強みは、新しいことへの好奇心だと思います。こんなスゴイことを見せたら面白いんじゃないか、という気持ちがあるんでしょうね。アメフトの選手を跳ね飛ばすのにはびっくりしましたよ。六十キロの甲野さんが百二十キロのアメフト選手を跳ね飛ばすんです。日本のトップクラスの選手のタックルも、軽々とかわしていました。

甲野さんの動きを見ていると、ものの考え方とか発想とかの転換を迫られる。日本人のものの考え方に再考をせまっていますね。常識がくつがえされる。

なにしろ五十代の甲野さんが、二十代のアメフト選手のタックルに勝てる。加齢とはなんだろうと、考えざるをえません。甲野さんは、息も乱れないし、汗もかいていないのに、アメフト選手は汗びっしょりですよ。ぼたぼた落ちてる。いつもそんなふうですね。汗まみれで肩で息をしている甲野さんの姿を、私は見たことがない。

自分たちが思っている常識とはなにか。目の前でそれを見せつけられる驚きといったらないですね。プロ野球選手だって、五十五歳の甲野さんにあれだけできるんだったら、もっとできるんじゃないでしょうか。常識ってなんでしょうね？

甲野さんのやり方を取り入れて、最初に成果を出したのは、桐朋《とうほう》高校バスケットボール部監督の金田《かねだ》伸夫《のぶお》さんだったと聞いていますが、その後、鼻のきく方々が次々と甲野さんの術を取り入れようとしてきた。巨人の桑田真澄投手をはじめ、感覚の鋭い人たちがアプローチして、それぞれのやり方で、成果をあげてきている。今は、そういう状況でしょうね」

甲野の動きを取り入れようとしているのは、スポーツ界ばかりではない。舞踊、音楽、介護などの諸分野でも応用を考えている人々がおり、さらには無重力状態の宇宙ステーションでの身体《からだ》の使い方の参考にしたいと、これから飛行を予定している野口聡一《そういち》宇宙飛行士も甲野の道場を訪れたという。さまざまな現場で、今、着実に波紋が広がりつつあるのだ。

末續慎吾《すえつぐしんご》選手の活躍

だが、「ナンバ」が一般に注目を集めるようになった最大のきっかけは、なんといっても陸上競技の末續慎吾選手が、二〇〇三年の世界陸上選手権パリ大会の二百メートル走で銅メダルを獲得したことだっただろう。

ショート・スプリント種目では日本人は欧米人にかなわないということが常識になっていたのをくつがえす快挙だったが、その独特な走法について、「ナンバ」を意識したものだったと語ったことで、一躍、「ナンバ」という言葉も脚光を浴びたのである。

末續選手は、甲野と直接のかかわりはもっていないが、「ナンバ」を古武術の用語のように語っていたり（もとは芸能の用語）、また先述したように「ナンバ」を実用的に意味づけて広めたのが甲野であることを考えあわせると、間接的には影響を受けていたものと思われる。末續選手とも親しく、二〇〇四年夏のアテネ・オリンピックで百十メートルハードルの日本記録を出した谷川聡《さとる》選手は二〇〇一年の暮に甲野の許《もと》を訪れ、一緒に走って、身体の使い方に関して検討しあっているから、そうした周囲からの影響もあったかもしれない。

ただし、末續選手を指導した高野進コーチはインタビューなどで、「ナンバ」という言葉を用いたことについて、世界にアピールするためにとった「戦略」であるということを強調している。たとえば「海外の雑誌にローマ字で〝NANBA〟なんて載って、ちょっとジャパン・マジックみたいに思われるのも面白いですよね（折山淑美《おりやまとしみ》『末續慎吾×高野進　栄光への助走』集英社be文庫）」と語っているように、オリジナルなイメージで世界の注目を集めることに主眼があったらしい。その「戦略」は、国内でも、かなり効を奏したようだ。キャッチフレーズだけを消費することが好き、というより、自覚もないままにそうしてしまいがちな日本人にとって、「ナンバ」という三文字の言葉は、じつに魅力的なマジックワードとなったのではなかろうか。

もし末續選手が独自な走りで世界に伍《ご》したといえば、その快挙がたたえられるだけだっただろうが、そこに「ナンバ」という耳慣れない言葉がはさまったことで、日本人の身体を見直そうという機運に連動することになったのである。スポーツにつきものの愛国的な気分をくすぐりもしただろう。

だが、甲野と関連づけられることが多くて戸惑ったものか、その後、高野コーチは、古武術の動きは参考にしていないと言い、相撲のテッポウのような動きであって、田植えの動作や飛脚からヒントを得たものというふうに語っているようだ。たしかに、筋肉鍛錬などスポーツ科学的なアプローチが重視されており、武術的な発想が見られるわけではないから、あまり関連づけて見るべきではないのだろう。

高野コーチは「ナンバ走りがかなりクローズアップされましたけど、これは恒久的な走法ではありません。もっと効率のいい動きが見つかればドンドン変えて行きます（『文藝春秋』二〇〇三年十二月号）」とも言っており、「ナンバ走り」は次の段階へのプロセスにすぎないとしている。

その場合の「ナンバ」が何を意味するのかはともかく、きっと末續選手の走り方は変わりつづけるのだろうし、他の選手も今後さらに新たな走法に挑戦してゆくだろう。そのさいに「ナンバ」に拘泥《こうでい》する必要はない。

ただ、「ナンバ」的な走り方の有効性については、もっと追求されてもよさそうである。当の甲野は、短距離走について、次のように言う。

「私が有効だと思うのは、たとえば百メートル走だったら、スタート地点でつまずいて『ワッ、倒れそう』というような状況を作って、そこをなんとか倒れないようにギリギリで釣り合いをとって、ゴールまでイッキに吹っ飛んでいくというような走り方です。

それはもうナンバとは呼べない奇妙な動きかもしれませんね。転びそうになったときの無我夢中の状態で、全身を使ってワッといく。百メートル全部は無理としても、三十メートルぐらいは、その状況のままで、走るというより吹っ飛んでいって、それからなんとか立ちあがるというような感じになると思います。

倒れるのと紙一重の状態でビューンといくわけですね。この微妙な状況が五十メートル以上維持できれば、百メートルで九秒は切れるかもしれませんよ。

現にごく最近、私は十メートル以内のきわめて短距離であれば、自分でも驚くような速さで走れるようになりました。女子とはいえ、陸上競技の四百メートルでは日本のトップクラスの現役選手と一緒に走って、十メートルくらいまでは私の方が速く、彼女に『口が半開きになるほど驚きました』と言われました。この走り方をするうえで問題となるのは、人間は倒れることを非常に恐れるということです。倒れることへの恐怖心が、知らず知らずのうちにブレーキをかけさせてしまう。

　このことは、下りの階段を下りる時、心肺力や脚力に余裕があっても、もどかしいほど遅いことでわかります。上りと違い下りの階段は転んだら大ケガをするので、身体がどうしてもためらって動きにブレーキをかけてしまうのですね。

　しかも、そのことは非常に見えにくく、気づきにくい。というのは、走るときは足で蹴《け》るものであり、そのためにはタメを作ることがどうしても必要だと思いこまれているからです。そういう常識があるために、倒れまいとすることがブレーキになっていることに気づくことができないんです。この発想の壁をこえれば、さらに革命的な走りがあるはずだとわかってもらえると思います」

　新聞報道によれば、アテネ・オリンピックにあたっての末續選手のテーマは、「重力と友達になり、力を使わずに走る」ことだった。

　低い姿勢で、最初の三、四歩は「力を入れず、地面を拾うだけ」でスタートし、自然に前のめりになるような感覚を推進力にして加速する。そうすることでエネルギーを温存し、最後まで減速せず、余力をもってラストスパートに入り、スピードに乗ってフィニッシュラインを駆け抜ける。そのようなイメージで走りたいと末續選手は語っていた。

結果は、残念ながら百メートル走では二回戦での敗退となったが、このときの末續選手の走法にも、先の甲野の考えに似たものが感じられる。甲野の走り方のアイデアは以前にも発表されているので、その影響を想像することもできないわけではないが、今、日本人のあいだに身体の使い方の新たな工夫が同時多発的に起きつつある、と思うほうが面白い。事実、そうなりつつあるのではないだろうか。

迷信のなかの身体

トップアスリートたちの競いあいは、それぞれの限界を突き破りながら能力をより高めてゆくプロセスであり、その限界を設定しているものが、なんらかの思いこみや習慣であるとすれば、競技はみずからの意識の枠をいかに破るかという闘いでもある。意識の枠を破るのは、現実に生きて、はたらいている身体である。

たとえば日本の陸上競技界は、奇妙な迷信に長らく覆《おお》われてきて、そのことに気づいてから、ようやく十年ほどにすぎないという。一九九一年に東京で世界陸上選手権大会が開催された際に、出場した世界のトップアスリートたちの走る様子が膨大なビデオに撮影され、その分析によって、ようやく日本人がずっと信じ込んでいた「マック式」と呼ばれるスタイルが間違いであったと理解されるようになったのである。「マック式」とは、腿《もも》を高くあげて前方に振りだし、地面を強く後ろへ蹴る、という走り方である。東京オリンピック後に招聘《しょうへい》されたゲラルド・マックというコーチの説明が誤訳されて広まり、それ以来ずっと信じ込まれてきた「常識」であり、競技界のみならず、学校の体育でも長らく「正しい走り方」として教え込まれてきたものだった。後に、マック氏自身が、日本での誤解の広まりを知って驚き、来日して訂正のために奔走したこともあったそうだが、それでも状況は変わらなかったという。

まさに迷信だったわけだが、その理論が間違いであることは、諸国の優れたアスリートたちが実際に走っている姿を分析することによって初めて明らかにされ、その後、理論的にも説明ができるようになった。

後で改めて登場していただくことになるスポーツバイオメカニクスの研究者、高橋《たかはし》佳三《けいぞう》氏によれば、日本人と欧米人の陸上選手の走法の大きな違いは、足首の使い方にあるという。

「日本人は、足が地面につくときに、足首や膝《ひざ》をいったん曲げてから伸ばして、地面を後ろへ蹴って走るんですが、欧米の選手は、足をついたときの足首や膝の角度のまま前に出ます。足首を曲げて伸ばす動きで出せる力なんかたいしたことないんで、固めておいて前に出したほうがずっといいんです。だから、足をあまり高くあげることもない。日本ではよく腿上げをやらせましたが、上げるより、下げるほうが大事だったんですね。足がついて身体を前に出す瞬間だけ、力が入ればいいわけです。その後は後ろに流れても無駄だから、すぐに引き上げます。だから、足首を固めて使うんです」

このように説明されてみれば、腿を高く上げることも、足で強く蹴ることも、速く走ることの役にはたたず、むしろ妨げになることは明白で、なぜ、そんなことが長年信じられていたのか不思議なくらいである。

だが、日本の陸上競技界の常識として、「マック式」は、選手たちの身体を縛りつづけてきたのである。

この迷信が破られて以降、日本陸上界の成績は着実に向上してきた。末續選手の快挙も、その流れのなかにある。

どんな世界でも、教師が「正しいこと」として教えるのは、すべて過去の習慣や制度のなかでの「正しいこと」にすぎない。どれほど確からしいことも、視点を変えれば疑わしくなるものであり、その信憑性《しんぴょうせい》を支えているのは、なんらかの制度である。

制度には、視《み》えるものも視えないものもあるが、おおまかに言えば、固定観念と利権によって構築されている。そして、変化をきらう。したがって新しい発想を妨げる。固定観念がいかに発想を拘束するかについて、甲野はよくいろいろな雑学的知識を援用して説明する。

たとえば、缶切りの発明にまつわる話である。

「缶切りは、缶詰が発明されてから四十年以上も、発明されなかったんですよ。尖《とが》ったノミのようなもので叩《たた》いたり、銃で撃ったりして開けていたそうです。

というのも、缶詰は最初、ビンとちがって『丈夫で壊れない』ということがセールス・ポイントだったんでしょうね。軍隊などが携帯して少々手荒に扱っても壊れないということで重宝されていたことからも推測できます。その『壊れないのが売りだ』という観念が念頭にあるために、簡単に開いたのでは商品イメージを傷つけるという感じがあったのかもしれません。『落したぐらいでは絶対に壊れない』『簡単には開かない』『簡単には中身が出ない』ということが、なによりの価値だったわけですから、開けるのが大変でも、それがすなわち『これほど丈夫だ』というアピールになっていたのでしょう。

とはいえ四十年も、それを簡単に開ける発想が浮かばなかったというのは、その最初の固定観念、思いこみがよほど強かったんでしょうね。缶切りなど、原理からいえば、きわめて簡単なものですから。壊れないものなんだというアピールから離れて、フッとそれだけ見れば、すぐに『早く開けたい』という発想になったのかもしれませんが、初めに、ある種の思いこみがあったために、四十年ものあいだ不自由な思いを続けてしまったのではないでしょうか。

固定観念というものの力を思い知らされる例だと思います」

つまり、缶詰にとっては、簡単に開けられないことが「正しいこと」だったわけだ。「丈夫さ」だけを求めていたはずなのに、その結果である「開けにくさ」まで一緒に大事にして、不便を我慢する。「丈夫」と「開けやすい」は両立しないという思いこみだったとも言えるだろう。なんだか、日常でよく起きていることのような気がする。

走り方でいえば、「速さ」が目的だったのに、そのためにやっていた強く蹴るということまで大事にしてきたわけだ。ヒトは地面を蹴って走るものだという固定観念は、より強く蹴ることでより速くなるはずという、さらなる思いこみを支える。実際、ある程度までなら速くなるのだから、まったくの間違いというわけではない。

そのような事態を甲野はよく、コロと車輪にたとえて語る。

大きな荷を運ぶのに、コロとなる丸太を並べた上に台板を置いて転がしながら移動するのと、車輪のついた台車で運ぶのとでは、効率は比較にならないほど違う。コロしか知らなかった時代にも、当然、いかに効率よく運搬するかという工夫は重ねられていただろう。コロの本数や太さ、移動の速度などはもちろん、優れた工夫がさまざまにされていたにちがいない。だが、車輪のついた台車の効率にはとてもおよばない。

ところが人は、コロで運搬するための工夫に一生懸命になればなるほど、車輪にするという根本的な発想の飛躍には向かいにくくなる。甲野には、今日のスポーツ界の現状は、そのような状況に見えるのである。

「スポーツのトレーニングでも、筋力で蹴って動くという単純な図式、つまりコロを使うというような発想にとどまって、それ以外の工夫をしなくなっています。それを近代的トレーニング法だというのですが、その内容はといえば、結局、コロの材質をどうしようかとか、どのくらいの太さにするかとか、より真円に近いほうがいい、というような話でしかないでしょう。コロから車輪に転換しようという発想ではないんです。

しかし、毎日、毎日、コロで転がす練習をしていても、車輪で動かすことを知れば、なんかバカみたいだなっていう感じがするんじゃないかと思います。身体《からだ》の動きの場合は、こうした道具類のように構造の違いが誰の目にもわかるものではありませんが、技を受けた感触の違いはわかるはずです。それで、いろいろなスポーツの現場に招かれたとき、私は必ず武術の動きを見せるようにしているんです。それから、各スポーツのルールを聞いて、それに沿った動きをその場で創《つく》ります。私にとってスポーツへの応用は、武術の副産物のようなものですね」

ただ現実には、甲野の考えをとりいれようとしたJリーグのある選手が、チームの監督からは理解されず、もっとしっかり地面を蹴って頑張れと叱咤《しった》される日々に悩んでいたということもある。

車輪を知らず、コロしかない社会では、コロをうまく転がすことが「正しいこと」なのである。みんなが毎日コロで頑張っているのに、いかがわしげな、うまい話に飛びついたりして、けしからんヤツだと批判されかねないのだ。

コロ社会には、より使いやすいコロの開発をするコロ研究所があり、コロの販売やコロ運搬を請け負う業者、そこを天下り先にする官僚、票田とする政治家がいる。最新コロ事情を伝えるマスコミがある。コロ学の権威、コロ評論家、コロを転がして何十年のベテランもいる。そうなるともう、目の前に車輪があっても、見えなかったり、見なかったことにしがちになる。コロ理論では説明できないような動きをしていても、えらく優秀なコロがあるもんだとか例外的なコロもあると思われるだけで、学者に聞けば、コロ理論がもっと進歩すれば説明できるようになるはずだと答えるだろう。そして、もし未完成で欠陥のある車輪をみつけようものなら、善意や正義感や嘲笑《ちょうしょう》で、押し潰《つぶ》す。

コロから車輪に発達しないというだけのことなら、べつにかまわないかもしれないが、産学官の複合したコロ主義社会が成長し、大きな仕事のためには下積みの労働者は順繰りに使い捨てるというコロ的思想が常識となって、ずっと元気に働きたいなどという車輪的な発想は危険思想、あるいは妄想として抑圧されることにもなる。

ただし変わるときには、すました顔をして、まるでそんなものは昔からありましたというような態度で、さり気なくコロから車輪に変えているということが起こるのだろう。そして、いつのまにか、車輪などはあるのが当たり前という存在になっていたりする。

甲野は、そのようなことが、車輪よりさらに便利になったキャスターについて起こったのではないかと、最近の講演会では、よくコロから車輪、車輪からキャスターへという話をする。

「最近はどこに行ってもキャスターを見かけます。今、この私の前にある机も、用意されている椅子《いす》も、みんなキャスター付きです。このキャスターのおかげで重いものでも前後左右どちらへも自由に楽々と移動できるようになりました。少なくとも二十年くらい前には、すでに一部で使われていたようですが、日常で見かけることはありませんでした。引越しで冷蔵庫を移動させるのも普通の車輪でしたから、壁際《かべぎわ》の所定のところに据えつけるのにも一苦労でした。

ベビーカーも、二十年くらい前には、方向転換するのに前や後ろを持ち上げていたはずです。運送業の人が『キャスターが出来て、どれほど楽になったかわかりませんん』と言っていました。でも、こうした運送業の人以外の一般の人たちは、私も含めてこの偉大な発明であるキャスターに接した時の感激をほとんど覚えていませんし、どのようないきさつで発明され、世に広まったのか、まったく知りません。

私など、こうした工夫には人一倍アンテナを張っていたほうですが、いつのまにか身の回りにあって、ある日ふと気づいて、『いやぁー、よく出来てるなぁ』と感心したくらいです。本当にこんなシンプルな原理で便利なものが、二十世紀も終わり近くになって世に広まったということ自体、実に不思議ですね。なにしろ車輪を支える部分を車軸中心より横にずらして、その支えるもの自体がベアリングで自由に回転するようにした、というただそれだけの構造であり、二、三百年前に実用化されていてもおかしくないものだからです。

これに比べれば、私がやはり武術の動きとしてよく例に出す、単純な帆掛《ほかけ》舟から、向かい風も使える三角帆のヨットへの進化の方が、もっと巧妙な仕掛けでしょう。しかし、こちらは数百年前からありました。

キャスターは、あるいは古代に既に発明した人がいたかもしれません。というより、こんな単純で便利な構造を数千年の間、数十万人はいたであろう東西さまざまな国の天才的職人が誰も思いつかなかった、ということのほうが信じられない気がします。それでも、広く世に知られたのは、ほんの十数年ばかり前なのです。それも、まるで前々から使われていたものであるかのように大きく報道されることもなく……」

コロの存続に執着し車輪を排除する社会などは、むろん妄誕《もうたん》のごとき譬《たと》えだが、コロを身体観に置き換えれば、今日の社会である。

感覚器でキャッチされた外界の情報が神経を介して脳に送られ、それを処理した脳からの指令が神経を伝わって各末端に届き、身体は状況に対応して動いている。このような脳を中枢《ちゆうすう》とする中央集権的な身体像は、今日の政治や会社の一般的な構造に等しい。

情報を受け取るのは感覚器。考えるのは脳。筋肉は力を発するためのバネ。内臓がそれぞれに単純な機能を割り振られているように、部署や階層によって仕事が分担され、上からの指令に応じた働きをなす。実際、これまで社会は、つねに身体構造と相応する機構としてとらえられ、あるいはまた身体が社会機構にたとえられて解説されてきた。脳が政府、神経やホルモンが通信機関、免疫《めんえき》が警察や軍隊といった比喩《ひゆ》は、医学啓蒙《けいもう》書によく見られた表現である。

そのようなシステムのうえに今日の社会はあり、我々は自分の身体を医者に診《み》せて一喜一憂したり、ジムで鍛えたりすることと同じ発想で、生活や仕事について考え、あるいは政治や会社への批判を言い、効率や公正さなどを問題とし、改善の工夫や主張をしている。身体観が社会の原型となり、その身体観のうえでの医療の思想が、社会改善の思想に重なっている。

だが、この近代医学的な身体観はごく単純な概念図であって、現実に生きている身体の活動は、その図のなかにおさまってはいない。社会だって、そうだろう。

そして今、さまざまな分野で、この概念図だけで考えていては不都合が多すぎるのではないかと考える人たちが現れている。人のためにあるはずの諸制度が、人を抑圧し消耗させるばかりのものとなっているからだ。

制度の現実離れが露呈してきたとき、つまり変革期の社会では、きまって身体が意識に浮上してくる。身体は、制度と現実の境界にあるからである。

たとえば太平洋戦争後の混乱期には、暴力や性などの「肉体」の表現に仮託された論理に価値を求める思潮が人気となり、「肉体の時代」と呼ばれた。その「肉体」は社会秩序や理知の抑圧を突き抜ける衝動であり、それゆえに破滅的だった。それは半ば憧《あこが》れであり、また危惧《きぐ》すべきものでもあった。「正しいこと」の側からは、身体は、つねにカオスとして、あるいは傷ついたものとして、見られる。今日の身体論の盛行も、傷つき荒れる心身を癒《いや》し、秩序のうちに治めようとする、「正しいこと」の側の欲求から生まれたものだろう。

だが、身体は、「正しいこと」に回収されてしまうことはありえない。「正しいこと」はつねに過去であり、身体はつねに変転する現在だからである。

近代医学によって概念化された身体は、解剖してみれば、たしかにそのように実在する。だが、「医学的にはありえない」現実が、我々の日常の暮らしである。医師から死期を宣告された患者が、医学的には断固として否定されるべき療法や信仰で、あるいはそうしたことさえなく元気になってしまうことはざらにあるし、それほど大げさなことでなくても、プロ野球の選手がボールをバットで打つことすら、情報の神経伝達の速度を計算すれば、「ありえないこと」である。

概念図通りのことだけが「正しいこと」なら、現実は、「ありえないこと」に充《み》ちている。身体は、概念図で理解されつつも、つねにそこから逸脱しつづける。

だが、いくら身体に目を向けても、その身体のうえに見出《みいだ》す「実感」が制度に冒されているかぎりは、「正しさ」のなかから抜け出すことはできない。

誤訳から生まれた「マック式」が、長年にわたって疑われずにきたのは、その「正しさ」が、強烈な「実感」によって保証されてきたからでもある。腿《もも》上げ練習の苦痛は、筋肉が鍛えられているという「実感」をもたらす。地面を強く蹴《け》ることは、いかにも身体を前へ進めている「実感」をともなう。

そして、この強烈な筋緊張をともなう行為を行うときの努力感が、自分は有効なことをしているという満足感をも生み出す。その努力こそが有害なのだとは、人はなかなか思いにくいものだ。ある程度までは実際に有効なのだから、なおさらである。

これらの「実感」が、一つの身体観を前提としたものにすぎないということに気づかなければ、「実感」はむしろ身体の制度性を強め、変化を妨げるものとなる。

甲野は、「小成は大成を妨げる最大の要素である。そこそこの成功は、それ以上のものを追求させないための強力な目かくしとなる」と言う。

人は、自分の「実感」を否定することは難しい。まして、それまでにしてきた苦労を愛さずにはいられない。苦労して上位に上ってきたシステムを愛し、利権を守ろうとする官僚的な発想に、「実感」も冒されている。

だから「実感」と思うなかにひそむ観念性を見抜き、生きているものとしての身体を見出さなければ、いくら身体や感覚が大切だといっても、結局は観念を見ているだけに終わりかねないのだ。

科学的トレーニングの危うさ

関節を支点とする骨格と筋肉とからなるテコとバネとうねりのメカニズムとしてとらえられた身体の運動性能を高めようとするなら、筋肉を増強したり、関節の可動域を広げたりするしかない。スペック的にはそういうことになる。それ以外の要素は、勘とか才能、最近だと「身体能力」と言われるようだが、あまり鍛錬できるものとは思われずにきたようだ。

この身体観のもとでは、人は、筋肉の緊張感を、能力発揮の「実感」として求めざるをえない。走るときに足で地面を蹴ろうとするのも、そのためである。

そのような「実感」にとらわれていては、走りを変えることはできない。コロとしての「実感」に頼ってどんなに鍛錬しても、よりよいコロになれるだけなのだ。

「先日J1のあるチームに指導を依頼されて、そのクラブチームへ行ったとき、走り抜けようとする私を止められるかどうか実演しました。私を止めようとしてくる相手をかわして先へ行くということをやったんです。そこにはワールドカップに出場した選手もいたというのですが、私には控えの選手とまったく区別がつきませんでした。誰がスター選手なのか私は知らないし、私の動きへの対応という点では、どの選手もほとんど同じで、違いがなかったからです。誰も、私を止められませんでした。そのとき、上達を目指していろいろ研究しているはずのプロのサッカー界もやはり科学的トレーニングに目かくしをされているなあと感じましたね」

プロのサッカー選手が何十人もいながら、甲野の動きへの対応に優劣の差がなかったのは、誰もそのような質の動きに対した経験がなく、素人《しろうと》同然だったということだ。身体のリアリティからほど遠い科学的トレーニングによって、選手らの感覚がコロのレベルに閉ざされていると、甲野には思われたのであろう。

「そのとき私が見せたのは、走ってきた相手がガッと私の前に出て来たときに、私がある状況で手をふっと当てると、相手が私を飛ばそうとする力をそのままもらって、私はもっと先に飛んで行く、というものでした。相手はほとんど私の重さを感じることがなく、ある人が『手乗り文鳥がとまったぐらいの重さ』と表現したので、最近ではこの技を『手乗り文鳥』と呼んでいます。これは向かい風も利用できる三角帆装着

手乗り文鳥

走ってきた相手が目の前に出ようとする

相手が左腕をこちらの右腕に当てて阻止しようとする

その時、こちらは阻止しようとする相手の力をもらって自らの身体をハネ上げ、ややまわりこみつつ目的の方向へとむかう

相手の力を逆利用する、この技を相手の手に乗る文鳥に例えて「手乗り文鳥」と呼ぶ

のヨットの動きにたとえられるもので、相手の力を逆利用するのですが、いわば単純な帆掛舟を前提としている今のスポーツ科学では、このときに何が起きているかを証明することは、ほとんど不可能でしょう。

そのとき、私は力を抜くでもなく、入れるでもない、ごく微妙な状態で、釣り合いをとっています。その微妙な状態というのが、科学には受け入れられないものなんですね。

ちょうど、城の石垣を石工が組むことが、現在の法律では許可にならないのと同じです。

城の石垣は、微妙に力を分散するようにバランスがとれているので崩れません。阪神大震災のときも、現代工法の石垣は崩れましたが、古い石垣は崩れませんでした。しかし、建設省には、その『微妙』ということが何だか分からない。それで、コンクリートで固めないと許可にならないわけです。

身体《からだ》は、石垣どころではなく、あらゆる部分で微妙多様な動きが複雑にからみあっていて、おかれている状況によっても違ってきます。その要素は無限にあって、とても説明しきれるものではありませんよ。それを、おそろしく単純化した理論で説明して、それに基づいてトレーニングするなんて、絶対におかしいでしょう。ちゃんと現実を観察していれば、どうしても曖昧《あいまい》になるんだから、科学になどしなければいいんです。スポーツの上達のためには、ウエイト・トレーニングをやって筋肉を鍛えてという非常につまらない状況にしてしまったのは、科学の罪ですよ。

たとえば、東京御茶ノ水の聖橋《ひじりばし》みたいなアーチ状の橋はあちこちにありますけれど、筋トレというのは、よほどうまくやらないと、素人考えで、このアーチの上部の薄い部分を補強すればもっと強くなるんじゃないかと、そこだけ補強するようなことをしている気がするんです。そこが薄くなっているのは、そのほうが全体の強度が保たれるからで、そこを下手にいじったら、力がガッと一箇所にかかるから、逆に弱くなるんですね。

だから、筋トレして筋肉を太く大きくすると、かえって肉離れとか不具合が起きてくることが多いわけです。人間の身体というのは、ただ太く大きくするよりも、全体としてうまくバランスを取っているほうがいい。金属の丸棒を曲がりにくくしようと思ったら、中を抜いたほうが丈夫です。それは、力が全体に散るからですよ。変に一部分だけ余分にくっつけたりしたら、かえって悪い。まるで、ある種のガンみたいなものですよ。全体のバランスを考えずに、そこだけ肉がついたりするわけだから。

それから、ウエイト・トレーニングというのは、鍛えたい筋肉に負荷をかけて、

『重い、重い』と思いながら、ゆっくりやって、その筋肉を太らせるわけです。それは、下手な身体の使い方ですね。

仕事で上手《うま》く出来るには、重さを重さと感じないようにしなくてはなりません。重いものを軽く扱えるようでなくては、日々の仕事としては成立しませんよ。

重さを『重い、重い』と感じるのは下手な身体の使い方なのに、その下手な身体の使い方で身体を作っておいて、それでそれぞれのスポーツの技術が上手になるようにしようなんていうのは、中学生でも論理的矛盾に気がつくようなことでしょう。最近はウエイト・トレーニングもやり方にいろいろと工夫が見られるようで、いま言った方式とは違うものも出てきているようですが、仕事などで重いものを楽に扱おうとするのと具体的目的も見えないまま体力や能力を伸ばすために負荷をかけるというのとでは根本的に身体の納得度が違うように思われてならないのです」

身体を装置化する

科学的な合理性で考えられたトレーニング法は、身体にとっての合理性とは一致しない。生きて、はたらく身体にとっての合理的な動きは、はたらくなかで見出されるものであり、それは感覚として獲得される。その感覚で動けるようになることを、甲野は「身体の装置化」と呼んでいる。

「今ではいなくなりましたが、三十年くらい前までは、柱にノミで枘穴《ほぞ》をあけることを専門とする穴大工《あなだいく》という職がありました。穴大工は、たまたま木屑《きくず》が刃先についたままでノミを打ちこんだために、ノミが跳ねて、太腿に大怪我《おおけが》をすることがよくあったというんですね。それはふつうにノミをコンコンやっているなら、絶対にありえないような怪我です。よほどの高速でノミを使わないかぎり、起こらないことです。

つまりナマ身の身体の動きがまるで電動工具のように自動化されていたからこそ起こったことだと思うんです。ですから、簡単な道具で実際に自分の手足を動かしていながらも、まるで機械を操縦しているような感覚だったのでしょう。たとえばブルドーザーで重い土砂を運ぶときに、運転者は操作するだけで、力をこめたりしませんよね。それと同じように、装置化された身体を間接的に操作していたのだと思います。

今日、しばしば身体感覚を大切にしようということが言われるようになりましたが、そう言われている時の身体感覚というのは、どうも『汗と涙の結晶……』という表現で語られるようなナマ身を感じさせるような気がします。私が言いたい、古人の精妙な身体感覚とは、装置化された身体の感覚のことです。なにかをやろうとする筋肉が動く感じではなく、自動的にさまざまなランプが明滅して、精密な機械が作動を始めるような感じです。

運動して躍動感を味わうとか、汗をかいて気持ちがいいとかいうようなことは、子供のうちの体験としては大切ですが、これを身体感覚などとことさらにいうには幼稚すぎるでしょう。もちろん、なれないことをいろいろとやってみるのはいいのですが、そこから、ほんとうに身体を使いこなせるようになるというところに、感覚の追求があると思うんです」

そういえば、末續選手が世界選手権の二百メートル走でナンバを意識したという後半、じつは足がつっていて感覚がなかったといい、それでも走れたのは、高野コーチによれば「意識が遠くなるほど苦しい中でも、練習をやり続けるという自己コントロールが出来るようになった」ことで「走りの自動化」をマスターしたからだという(『文藝春秋』二〇〇三年十二月号)。もしかしたら、日常的な「実感」としての感覚がなくなっていたことで、より精妙な感覚の世界に入りやすかったということもあったのかもしれない。

甲野の場合は、大きな相手を持ち上げたりするときも、その行為をするという直接的な実感はなく、身体を操縦するような感覚で使うという。実際、そういうときに筋肉が緊張して固くなっていたり、息をつめていたりすることはない。

たとえば、「一本釣《いっぽんづ》り」と名づけられた、床に胡座《あぐら》をかいて座っている相手に、片腕をしっかりと摑《つか》ませてから持ち上げる技は、自分より体重が重い人間を持ち上げても、力《りき》むことがないため、甲野は普通に話しながら行っている。

地面を蹴《け》らないように走るというのも、筋力で身体を運ぶような「実感」は持たないということであり、まさに身体を操縦するような感覚で前進していくということだろう。

このような「装置化」にいたる感覚を養うものは、重いものを重いと感じてはいられないような日々の仕事であり、甲野は、スポーツでもそのような仕事としての感覚で鍛えていくべきだという。

「昔から行われていた仕事感覚でやったほうが、ずっと本質的な身体づくりが出来ると思います。

初代の横綱若乃花《わかのはな》が、石炭を天秤《てんびん》で担《かつ》いで、揺れる板の上をバランスを取りながら運んでいたとか、あるいは西鉄で年間七十試合ぐらい投げて四十何勝十何敗した稲尾投手なんか、なか四日とか、そんな休みはないですよ。全試合の半分は投げているんですから。あの人は、子供の頃、艪《ろ》を漕《こ》いだりして、仕事で身体を作っていたそうです。最近、そういう仕事で作った身体とそうでない身体との違いがはっきり出たのは大相撲の横綱朝青龍《あさしょうりゅう》ですね。モンゴルで育って、子供の頃から重い石を運んだり、家の手伝いで仕事をしている。六歳ぐらいで二十キロぐらいの石と格闘していたという話を読んだことがあります。

そういう仕事のときは、少しでも身体に負担がないようにやろうとするじゃないですか。そうやって作った身体だから、多機能でしょう。持ちやすいバーベルとかじゃないんですから。ウエイト・トレーニングで作った身体とは、全然ちがうんですよ。石を動かすことが目的なのと、身体を作るためにという頭で目的をつくってそのために身体を使うのではどうも根本的なところで何かが違うのでしょう。

たとえ同じバーベルを持っても、それをいかに全身を使って軽く持つかということを工夫すれば、これは今言った仕事感覚ですから、できてくる身体は違うと思うんです。それに比べたら、負荷をうんとかけて、ゆっくりやって筋肉を早く太らせましょうというのは、促成栽培の野菜みたいなものじゃないですかね。

何か『科学的』という頭で考えたことが高級なことのような憧《あこが》れがぬけきっていないような気がしますね。もちろん、単なる習うより慣れろ的なやり方も問題なのですけれど」

武術的思考の魅力

では、甲野自身は、たとえば「蹴らないで走る」という身体の使い方を、どのようにして見出《みいだ》したのだろうか。

「私がそう考えられたのは、武術に、太刀奪《たちど》りの動きがあるからです」

と、甲野は言う。

太刀奪りとは、相手が上から斬《き》ってくる太刀をパッとかわす技である。かわされた側からは、一瞬にして甲野の身体が移動し、目くらまされたかのようにさえ感じられる。目が、移動の経過をとらえることができないからだ。この武術の動きが短距離走に応用できるのではないかと、甲野は考えているのである。

「短距離走も、結果としては身体全部が移動していくわけですから、その動きを応用すればいいと考えたんです。バッと斬られた瞬間、太刀をかわして身体をピッと向こうにフッ飛ばしている。そういう太刀奪りを連続的にやっているような状態で、ずっといくわけですね。

太刀奪り（相手が上から斬ってくる太刀を素早くかわす技）

相手が正面から斬りかかってくる

足で地面を蹴らずに身体全体を移動させ、相手の太刀をかわす

相手の太刀が落ちるより前にこちらの身体は相手の横に移動している

この身体全体を移動させるという動きは、普通のスポーツ理論にはないようですね。常識としてのスポーツ理論では、いかにより速く蹴って動くかということしか考えていません。そうすると、もっと筋肉をつけて、という発想になってしまうのですが、それでは逆効果になるのです。

太刀奪りのとき、もし私が地面を蹴っていたら、どんなに速くかわそうとしても、仮に私が百メートル九秒台で走れたとしても足が残ります。素早く動こうとすればするほど、強く蹴ることになりますから、足はより残るということになってしまう。それでは足を斬られてしまうし、地面を蹴っていると相手に気配も読まれやすく、動きを追われて斬られることにもなりやすい。

武術では、その瞬間に命がかかっているのですから、なんとしても足で蹴らずに身体全体で移動して太刀をかわすような身体の使い方を工夫しなくてはなりません。できなければ、斬られるわけですから。

そういうことを可能にするのが、『術』としての身体の使い方だと思うんです。そういう動きを、修練によって身につける。それが本来の『武術』というものだと思います」

甲野が、移動は足で蹴ってするものだという常識を超えられたのは、まず現実への対処を優先したからだった。より速く動かねば殺されるというシビアな状況設定のもとで、どうしても必要なことを実現しようとしたのである。甲野の言う「仕事感覚」とは、ひとつにはこういうことだろう。

運動理論の前提のもとでは不可能なことであっても、できなければ殺されるという状況では、やるか、死ぬか、である。武術が前提とするのは、そのような現実だけである。

スポーツの発想では、どうしようもない状況を、ルールによって限定しようとする。たとえば柔道では、相手の手を払ってばかりで、こちらから仕掛けていかないでいると、「指導」を受けることになる。これでは試合にならない、つまり、どうしようもない状況とみなされているからである。

武術では、そこを身体《からだ》の技術で突破せざるをえないと考える。

甲野は、出した手を、相手が両手で払いのけると同時に、足も横に移動するという状況下でも、相手を制し、奥襟を取ることも、そのまま倒すこともできる。「それはなし」というルールを前提に置かないで（むろん稽古《けいこ》の段階としては別だが）、考えてきたからである。

武術的思考の魅力は、ここにある。

たえず極限的な状況を設定して、死という否応《いやおう》ない現実に向き合おうとするなかで、ギリギリの能力を発揮することで、それまで自分が現実と思いこんでいた世界を破壊する。武術が、人殺しの技術でありながら、その術技の向上が人間的な成長に重ねて見られてきたのは、このような認識の地平破りをしていくプロセスだったからだろうと思う。

むろん、それは江戸時代という平和な、殺し合いを日常としない時代に、自分で状況設定を高めながら稽古できたからこそ可能になったことだろう。他面から見れば、じつに空想的な行いでもあった。

そういう意味では、現代はまさに、武術を稽古するのにふさわしい時代かもしれない。平和だからではなく、日常の暮らしがあまりにも多くの制度的虚構に覆《おお》われすぎているからである。

もっとも武術界の現状も、おおかた制度的虚構に埋没しているらしいから、あまり特権化するわけにもいかない。ようするに身体に浸透した制度的な思考を破ってゆく真剣さがあれば、なんでもいいわけで、殺し合いという状況があくまで空想にかぎられるべき社会においては、むしろ競技スポーツのほうが空想の真摯《しんし》さを導きやすいということもあろう。

とはいっても、種目によっては、なかなかそうなりにくいものもある。

「たとえばゴルフでは、命がけになる可能性はありません。

スキーや自動車レースは、本格的な研究が始まってそんなに歴史はありませんが、相当技術が発達しています。それは死の危険を避けるために無意識のうちに思わぬ動きをする可能性があるからだと思います。人や物にぶつかりそうになって『わっ、このままだと、ぶつかるかもしれない』というときに、本能的に優れた人間は思わぬ身体の動きをする。

しかし、ゴルフには、およそ身の安全にかかわるような事態はないわけです。それで動きの転換も生まれなかったのでしょうね。そもそも私がゴルフを見ていておかしいと思うのは、ボールを見て打つということです。これから打つ先を、なぜ見ないのか。

ボールを見て打つのは、ボールを見ないとうまく当たらないとか、軸をブレさせないとかいう理由で、ほとんどのゴルファーはボールを見て打っていますね。有名選手では、わずかにデュパルとか女子のソレンスタムが比較的早く顔を上げていますけれど、まだまだその程度です。

しかし、もし敵が攻めてきたときにゴルフ用具を武器にして対抗するしかないという状況になったとすれば、絶対に、ワーッと攻めてくる相手を見ずにその位置を確認しながら打つでしょう。攻めてくる相手を見ないで、ボールを見ているわけがありません。心理的な面から考えてもそうでしょう。

これは開拓時代のアメリカで腰に下げたホルスターから拳銃《けんじゅう》を抜いて撃ち合うのに、相手を見ずに自分の腰に下げた銃を見て撃つ人がいないのと同じです。

まあ、私はゴルフにはまったくの素人《しろうと》ですから、無責任に言えるのかもしれません。でも、もし私がゴルフでどうしても上達しなくてはならない事情が生じたとしたら、必ずボールを見ないで打つ工夫をすると思います。少なくとも、ボールと打ちたい方向の中間あたりを見て、ボールは視野の端に入れる程度にします。そうしないと、微妙な感覚が育つとは、とうてい思えないからです」

ゴルファーにとって、ボールを見て打つことは、たぶん常識となっている「正しいこと」なのだろう。命がけになるような状況がないと、常識的な動きを破るほどの身体運動が露《あら》わになることもなく、暗黙の約束ごとに安住しつづけがちなわけだ。

とはいえ、命がけなどと大げさなことを言わなくても、もう少しいろいろな工夫ができるように練習の場を設定するだけでも、ずいぶん違ってくるはずである。だが「正しいこと」とされているもの以外の方法を、自分でいろいろと考え試みる、ということが許されているスポーツの現場は少ないらしい。

自由な工夫を許さないスポーツ界

「高速で飛んでくる球に、高速で振ったバットを当てるのは難しいけれども、バットで呼吸するような感じでポンと当てるなら、ずっと簡単です。構えたところから思い切り振っていくのでなく、バント感覚でポンと当てて、その瞬間だけ、パッと高速になればいいわけです。桑田選手は、私のアドバイスでそのような打ち方を工夫して、少年野球の指導をしていたとき、『ただ当てればいいんだよ』と言って、実際にそういうふうにしてみせたら、自分でも予想外なほど飛んだと驚いていました。

しかし少年野球のコーチは、少年たちが自分でそういう工夫をすることを認めないで、自分がやってきたことをおしつけてしまうようです。

科学的トレーニングが受け入れられた背景には、千本ノックの根性野球のような、たんなる経験だけで何の裏づけもなく強引にやられてきた練習法への反動もあるんでしょうね。桑田選手は、私の武術的な発想を理解してきた頃、『それまではアメリカ式の科学的トレーニングか、千本ノックの根性野球の二つしかないと思っていたけれど、〝第三の道〟があることに気づきました』と言っていました。でも、その桑田選手自身が、専門家には、ほとんど理解されないでいますね。

どんなに身体の使い方を変えて成績を上げても、コーチや指導者は自分の経験を絶対視して新しい概念や理論に本気で取り組むことはしないようです。ですから、今も桑田選手は一人で研究していますよ。

バスケットボールでも、ＮＢＡなんかでやられているような、相手の方を見ないでいきなりパーンと投げるということを中学生や高校生がやると、『生意気なことをやるな』と言われてしまうようです。選手がどんなに自分なりに工夫してやっていても、指導者が理解出来ないことだと、すぐに生意気と言われたり、ムッとされたりしてしまうのです。

そうして、ずっとコロを転がしてやることだけを前提とした範囲内での反復練習をおしつけているんです。

また現代剣道では、爪立《つまだ》って構えるのが『正しい』ということになっていますが、そのような立ち方では、剣はどうしても腕力で振らざるをえなくなります。

宮本武蔵《むさし》は、いわゆる『五輪書《ごりんのしょ》』（『五輪書』の書名は武蔵の死後つけられた）のなかで、爪先を少し浮かして、踵《かかと》を強く踏めと、踵が浮かないような足遣いを強調しています。その『五輪書』を素晴らしいと言う剣道家が、そこだけは、意識的にかどうかは知りませんが、読み飛ばしているわけです。そして、それについての具体的な説明も、ほとんど聞いたことがありません。

自分たちの浅いレベルで判断して、よくないかのように言っているのは、あらためて深く歴史的事実を掘り下げて根本から考える気がないのでしょう」

甲野の技では、踵を上げないような足遣いが大きな有効性を発揮している。それを知れば、『五輪書』のなかの短い記述にも、剣客にとっての重要な意味がこめられていたことが了解される。

甲野の動きを知ることの魅力は、昔の身体に関する断片的な記述や不明瞭《ふめいりょう》な表現が、具体的な意味づけをもって読み解けるようになる、ということにもあるのだ。

スポーツ指導者の異常な愛情

それはともかく、スポーツの現場は、このような遺産に真剣に思いをいたすこともなく、また人がそれぞれに工夫するということをも許さない場になっている。「正しいこと」は、それを「正しい」としてきた人々の権威と一体化しており、その「正しさ」を揺るがすことは、タブーである。「正しさ」に根拠はなくとも、身体に染《し》み込ませれば、それが「正しい」と感じられるようになる。この「正しさ」の伝承のために行われるのが、反復練習である。そうして権威も継承される。

甲野は、科学的トレーニング批判とあわせて、自由な工夫を許さないスポーツ環境、とくに根拠のない反復練習に対する批判を繰り返し唱えてきた。

「今のスポーツの練習法は、『数やれば何とかなる』という発想で、ただひたすら反復練習することが中心になっているでしょう。繰り返し稽古することがいけないわけではないですけれど、いろいろ工夫してやっているうちに結果として反復になるのと、何も考えずに反復していればいいというのとでは、まるでちがう。下手な動きで繰り返せば、下手な動きのクセをつけるだけです。しかも、たとえ下手でも繰り返し行なって身につければ、それなりに役に立つため、違う世界が見えてこないのです。

それに対して小さな子供が、誰にも教わらずに、何度も何度も立ったり歩いたりする練習をして、だんだん歩けるようになる過程は、たしかに反復しているようですが、『こうかな、こうかな』と自分の経験をフィードバックしては探求しているわけで、ただ反復しているわけではないでしょう。

言葉も、ものすごい速度で習得していきますけれど、それも大人が語学を勉強するときの反復練習とはちがいます。よく『あのくらい大人も外国語を学べたら』と言われますが、子供は、どういう状況のときにどんな音が出てくるかということを体験しながら身につけていく。ただの反復じゃなくて、そのたびに学んでいる。つまらないけど、とにかく繰り返すというのではありません。

義務化して繰り返しやるというのは、絶対に効率的な学習法ではないと思います。それでは感覚を鈍らせるだけですから。

微妙な感覚が浮き上がってくるというような練習法でなくてはならないと思うんです」

プロの選手たちですら、自分で考えて工夫することが許されず、感覚を押し潰《つぶ》すような反復練習が中心とされている現状である。子供たちへのスポーツ指導の現場は、さらに悲惨な状況にある。

それは、練習法がいいとか悪いとかという以前の、指導者たちの資質の問題である。

「以前、バスケットボールに武術を応用するという講習会があって招かれたとき、デモンストレーションの試合があったのですが、観《み》ていると、一方のチームのコーチは静かな人だったのですが、もう一方はほとんど発狂状態で、よっぽど一一九番して救急車を呼んで、緊急入院してもらおうかと思うほどでした。ずっと『バカヤロー！』

とか『なに、やってるんだ』とか、叫びっぱなしなんです。あまりにも見苦しくて、いたたまれなかったので、私は外へ出ましたが、終わってから関係者に聞いたら、『いや、今日は先生がみえてるから、まだ抑え気味だと思いますよ』と言うんです。いったい普段はどんな状態なのだろうと、あきれました。

その姿は、どう見ても、ただ自分の権力欲を満たしている、権力行使に酔っているだけでした。そんな指導を受けるなかから、創造性のある子供が育つとは、とても思えませんよ。

少年野球でも、コーチがヒステリックに子供を怒鳴っているような姿は、日常化しているようです。大リーガーの名選手でも捕れないような球を『何で止めないいんだ』と責めたり、『身体張って止めろ。バカヤロー』などと、始終ののしっている。

こういう人は、子供たちを育てようというのではなく、自分が偉いと思われたいだけなのでしょう。『休みを返上して、指導に来てやってるんだぞ』などと言いながら、日頃の憂《う》さを子供たちにぶつけて発散しているだけ。もちろんなかには、子供のやる気を引き出すような優れた指導者もいるようですが、きわめて少数派のようです。

このようなバカバカしい現状では、いやでも感覚が鈍くなります。怒鳴りまくられて、とにかく怒られないようにふるまうか、何を言われてももう全然感じなくなるしかありませんから。

桑田選手は、自分たちが散々そういう目にあってきているので、それをもう自分たちの時代で終わりにしたいと思って、厳しいスケジュールをやりくりして少年野球の指導に時間をさいています。それほど少年野球の現状を憂《うれ》えているのです。

それであるとき、コーチたちと子供たちとで対抗試合をやりましょうと言って、ふだん一番うるさいコーチを一番に打たせてショートを守らせて、次のうるさいコーチを二番に打たせて三塁を守らせた。二人を一番球がよく来る所に置いたわけです。そうしたら『身体《からだ》張って止めろ』と言っていたコーチが、思わず逃げたりして、以来、少しおとなしくなったといいます。桑田選手もよく考えたものです。

私は、身体を張ってやって見せてこそ説得力があると言っているのですが、桑田選手も、私の考え方に共鳴して、必ず自分でやって見せるというやり方をしています。ですから守備も攻撃もやる。そういう桑田選手の野球への情熱には感動します。

今の野球選手で、これほどはっきり自分の意見を持っている人は珍しい。それだけに、手を抜けないのでしょう。桑田選手クラスだと、巨人の規定では、指導を依頼された場合、大変な金額の謝礼ということになっているそうです。ですから彼はボランティアでやっているのです。見るに見かねてという気持ちからでしょう。

最近はこれだけセクハラなどが問題視されているのに、なぜ、少年少女のスポーツの世界ではこのような滅茶苦茶《めちゃくちゃ》な指導が放置されているのか、私には不思議でなりません。最も教育的な配慮が必要なスポーツ指導の場面で一所懸命うちこんでいる子供に、罵詈雑言《ばりぞうごん》を浴びせつづけていることに、なぜ教育委員会は何も言わないのでしょうか。一方では差別表現はいけませんなどと言っているにもかかわらず、このような言葉の暴力が放置されている。そのくせ、騒ぎまくったり物を壊したり暴力をふるうといった問題を起こした子供には、子供の人権を守れということで、肩をつかむ程度でも教師が手を出してはいけないと言うんですよ。ほんとうに上っ面《つら》だけのバカバカしいことが、まかりとおっています。

指導者があれだけ罵声を浴びせないとやっている気がしないというのは、旧日本軍の悪弊《あくへい》を引きずっているのでしょう。相手を支配したいという欲望と、日ごろのストレス発散のために、子供たちを怒鳴っている。教える大人の側の幼児化です。子供が思い通りにいかなくて、ジタバタして泣き喚《わめ》いているのと、変わらないと思います。

桑田選手は、もともとそういう考えも資質もあったのでしょうが、子供たちが楽しく興味を持って野球に取り組めるように指導もいろいろ工夫しているようです。それで不器用だった子供が驚くほど上達したり、性格が明るくなったり、成果も上がってきていると聞いています。

そういう話を私としながら、桑田選手は『いいかげんな指導者に中身がないことは子供たちもとっくにわかっていて、本当はそんな指導者のことをバカにしてるんですよ』と言っていました。ですから、そういう指導者のもとで野球をやっても時間の無駄どころか、感覚も鈍くなり、身体もいためてしまう。教育としての効果もないでしょう」

「教えない」指導法

このように批判する甲野自身の指導法はといえば、「教えない」ということが特徴だろう。

質問されても答えない、という意味ではない。

そういう意味ではむしろ、きわめて親切といってもいいくらいで、初めて来た人からいささかトンチンカンな質問を受けても、丁寧に説明している姿をよく見かける。

人を厳しく叱責《しっせき》する姿は、ほとんど見たことがない。

稽古《けいこ》の場では、一度見たことがあるだけである。

初めて来た若者三人組がチューインガムを噛《か》みながらヘラヘラと無礼な態度でいたのを、一喝《いっかつ》して追い返したのだが、わざわざ技を一回ずつ体験させてから（いつもより、ちょっときつめな感じだったけれど）、その態度がいかに無礼で不快なものであるかを説いて、参加費は返すから出て行けと叱《しか》ったのだった。この場合の叱責としては、かなり親切な態度といっていいだろう。

甲野は、師として君臨するような態度を好まず、武術稽古研究会を主宰していたときの会員たちのことも、弟子というより、ともに研究する仲間とみなしていた。自分は何歩か先を歩いている先輩として、技をやってみせたり、現在の研究テーマについて話したりする。稽古会は、各人がそれぞれ自分の課題をもちながら共同研究する場であると考え、この稽古をしなさいと指示するようなことはしない。だから、「教える」ということもしないのである。

自分はこうやっているよ、ということを見せ、体験させる。自分はこう考えているよ、ということを話す。それを参考にしてやってみようと思うなら、どうぞ。

これが、甲野の指導のあり方である。

場を支配するようなスタイルを好まない甲野にとっては、それだけに、場の空気は重要だった。

二〇〇三年秋に武術稽古研究会を解散したのは、甲野の社会的知名度が上がり、そのような共同研究の場としての空気に濁りが感じられてきたことも理由の一つだったようだ。

今では定常的な稽古会という形をとらずに、個人それぞれとの稽古の時間をもつことを中心としており、それ以外では、甲野の技に関心をもった人が体験できる機会としての公開稽古会や、諸団体から指導に招かれての稽古会がある。

だが、どのような場であっても、甲野の態度もやることも、ほとんど変わらない。甲野がやってみせる技や説明は、つねにその時点での経過にすぎない。その場で思いついた技を見せることもよくある。それは後にも残る技とはかぎらず、その場かぎりで忘れられてしまうこともある。

こう考えて、こうやったら、こんな効果があったよ。これまでより効くよ。でも、明日には反対のことを言っているかもしれないけれどね、というものなのである。

甲野は、「正しいこと」を教えないのだ。

ただ、自分が技を追求している姿を見せているだけなのである。

「電化製品が進歩するのと同じようなものなんですよ。当社比何%って。いろいろ今の電化製品を見ると、節電で昔よりも電力食わなくて多機能でしょ。だから私も、エネルギーは前よりないし、筋力は落ちたけれど、機能や出力は前よりも上がっているということです」

人は、正解を教わるわけではなく、その姿に、何かを感じる。

それは、生きている者同士の響きあいであり、ことさらに教育などというより、人と人との喜ばしい出会いである。

桑田選手との出会い

これまで何度も名前の出ている巨人の桑田真澄選手は、そうして深く響きあった一人である。

甲野と桑田選手との両者に親しく、二人の関係についての記事を書いたこともある朝日新聞大阪本社の石井晃氏に、二人について語ってもらった。

「桑田さんは、甲野さんに初めて会ったときから、『身体の使い方がすごい』という感想では一貫していたようです。

桑田さんは、新しいものや未知なものに対して積極的に取り組んでいく人で、たとえば球界で初めてウエイト・トレーニングを取り入れたのも彼でした。サプリメントや水泳だってそうです。水泳は、それまで『水はピッチャーの肩を冷やすからだめ』と言われていたのを、鍛えるのにいいからと取り入れたんです。そんなふうにトレーニングには非常に熱心で、新しいものをどんどん取り入れていく人なんです。

でも、そうやっていくうちに、行き詰まりがあったんでしょう。肘《ひじ》も痛めました。そういったことからそれまでのトレーニングの効果に疑問をもったとも言っていました。それで甲野さんのところにいって、今までやってきたこととの落差にびっくりしたんだと思います。新鮮さ、斬新《ざんしん》さを見出《みいだ》して、しばらく勉強してみようか、という気持ちになったんだと思います。

ただ、最初は半信半疑だったと思いますよ。でも、甲野さんというのは、つきあってみると飾らない人で、権威づけるということがない。名声を利用しようということもない。桑田さんは高校生のころからずっとスター選手で、周りはいつも彼を利用しようとする人ばかりだったと思うんです。一回メシを食わせただけ、写真を一緒に撮っただけでも、もうよほど親しいように吹聴《ふいちょう》されたりする。紹介されただけの人が物議をかもしたりする。どこにいても彼の名声を利用しようとする人ばかりで、桑田さんはそういう人とは距離をおきたかったと思うんです。

そういうところが、甲野さんにはまったくないんですね。師匠と弟子、という関係でいられるんでしょう。その師が世間一般の武道の師匠というよりも、身体の研究をしているおじさんで、いろいろと教えてくれる、一緒に考えてくれる、という感じですね。社会人になってからの桑田さんにとっては、初めてのタイプだったんじゃないでしょうか。

二人の関係は、『一緒に研究しましょう』という立場ですね。甲野さんは野球をまったく知らないんです。牽制球《けんせいきゅう》もよくわかっていませんでしたよ。

甲野さんはいつも、桑田さんを指導したわけではなく、ヒントを出しただけだ、と言う。師匠だとは言わないんですね。教えたり育てたりした覚えはない。ヒントを与えたら、桑田さん自身が身につけた、取り入れたと、そうおっしゃるんです。

そういう考え方に波長があったのでしょう。もともと武術に興味があったということも関係しているのかもしれません。桑田さんは、日常の動きにも武術を取り入れました。

ホテルの廊下を曲がるときや歯磨きのときでさえ、身体をねじってはいけない、と気になったそうです。四六時中努力しているんです。甲野さんへの信頼感もあるのでしょう。遠征先のホテルも和室にして、木刀や杖《つえ》を振っていたんだそうです。あの頃は、とくに杖術《じょうじゅつ》の練習を怠らなかったようです。それでも、当初は甲野さんのところに来ていることは秘密にしていました。実際に使えるようになってから公表したんです。

甲野さんは、桑田さんについては、『とても謙虚でセンスがよい』と、おっしゃっていましたね。

そういえば、岡山で面白いことがありました。光岡英稔《みつおかひでとし》さんという甲野さんと親しい武術家がおられるのですが、そこで甲野さんの講習会があって、その後、庶民的な居酒屋に行ったんです。普通でしたら、桑田さんは大勢に取り囲まれて大変なことになりますし、顔を出してすぐに明日があるからと帰るところだと思うんですが、夜中の十二時ごろまでずっと一緒にいたんです。終始、一門下生という姿勢でした。同門の人と話をする、そんな感じでしたね。ビール一杯だけで、後は飲んでいませんでしたけど。

で、その後、ホテルまで一緒にタクシーに乗ったんです。ワンメーターほどだったんですが、桑田さんが奢《おご》ってくれました。たいていの場合は、こちらが払うのですが、タクシー代を持ってくれたんです。社会人としてのつきあいができる、礼儀正しい人だと、あらためて思いました。甲野さんと私が友達づきあいをしているからそういうふうに接してくださったんでしょう。そういうことがスラッとできる人なんですね。

野球選手というと、正直なところ、いつも俺が大将という人が多いんです。自分が中心で周りに人を集めるという人が多い。

ですが、桑田さんは師匠である甲野さんや光岡さんが主で、自分はその弟子という立場を貫いていましたね。いつも自分が奉《たてまつ》られている存在だから、唯一《ゆいいつ》『桑田真澄』でいられる空間と感じていたのではないでしょうか。先生といられる居心地のよさを求めていたんだと思います。

甲野さんは、威張らないですしね。いきなり思いつきを言い始めて、その場で実際に身体を使って研究し始めることもよくありました。

そんなざっくばらんな関係は、桑田さんの人生で初めてなのではないでしょうか。肩書き抜きに、いっしょに身体の使い方を研究する人、なんでしょう。

甲野さんが桑田さんに黒い袴《はかま》を贈る場に同席したことがあります。松聲館《しょうせいかん》とネームが入っているものです。『約束ですからプレゼントします』と言って、買ったときのビニール袋のままで渡していました。桑田さんは、本当に嬉《うれ》しそうでしたね。子供がご褒美《ほうび》をもらうような顔でした。たしか十一勝したらという約束だったと思います。

きっと甲野さんは、桑田さんにとってはとても居心地のよい人なんだと思います」

学校教育も、「正しいこと」を教えるのをやめて、教師が率先して疑ったり、工夫したりする人になったら、どうだろう。

それに耐えられる教師がどれだけいるかはしらないが、教師も生徒も愉快でさわやかな真剣勝負の日々が送れることだろうと思う。

第二章　武術的な動きとは、どのようなものか

甲野が見出《みいだ》してきた武術的な動きの、ごく概略を紹介しておこう。

うねり系の動き

身体《からだ》をねじって使うことは、身体のなかの支点をしっかり定めて、そこから鞭《むち》がしなうように身体を使うことである。

甲野はそれを、「うねり系」の動きと呼ぶ。

『うねり系』というのは、鞭のように、あるいはドミノ倒しのように、力が順番に伝わってくる動きです。

この動きでは、どんなに素早く動いても、どこかを支点としてふんばって、そこから順次力が伝わってきますから、武術的には、動きの方向が分かりやすく、相手に対

応されやすい。宣戦布告してから動いているようなものです。私の動きは、そういう面ではルール違反で、宣戦布告せずにいきなり不意打ちになります。このような動きを、武術では『〝起《おこ》り〟が消える』と呼びます」

歩いたり、走ったりするときに、足で床を蹴《け》ることは、そこを支点として動くことであり、身体はねじれる。同じように身体のどこかを支点として動くことは、その支点を筋肉が蹴っていることである。おおざっぱにいえば、腕が肩を蹴って伸びたり、上体が腰を蹴って前に出たりする。

そのような支点のことを、武術では「居つき」といい、蹴りの反動のある動きを「居ついた動き」という。

極端な例でいえば、「どっこいしょ」と立ったりするのが、まさに「居ついた動き」である。

その「どっ・こい・しょ」が三つに分けて発声されるように、「居ついた動き」は「拍子」を生む。蹴ることで、動きに節ができてしまうのだ。突くときであれば、ワン・ツーとなる。これでは、相手から簡単に察知されてしまう。

このように支点は、全体の動きのなかで滞《とどこお》るところであり、相手から察知されるところでもあるので、「隙《すき》」とも呼ばれる。

うねり系の動きが察知されやすいということは、人は一般に、相手の動きを支点を踏ん張ってそこから動こうとする〝起り〟によって認知しているということである。人は、見ることによっても、触れ合った感触からも、相手が動こうとする瞬間、支点の気配から動きの構造を把握して対応しているのだ。

むろん、その認知の過程は意識されてはいない。力学構造を学んで身につけたわけではなく、ただ幼い頃から重ねてきたコミュニケーションの体験のなかで培《つちか》われた、無意識に発揮されている能力だからである。たがいの身体を通じて学習しあい、暗黙の知として共有され、継承されているものだ。

アニメーションの宮崎駿《みやざきはやお》監督は、甲野の動きを見て、「甲野さんの動きをアニメに取り入れたら、手抜きのアニメになっちゃう」と、苦笑いしたという。

甲野の動きは、我々が暗黙に共有している身体の動きについての約束を破るものだからである。アニメの人物が人を殴るときに、うねることなく、ふいに拳《こぶし》が相手の顔にあたっていたのでは、現実感が生まれない。我々の現実感というものが、テコ・バネ・うねり構造の身体観のうえに成り立っている証拠である。

我々は、自分ではテコ・バネ・うねり構造だなどとはまったく意識していないのに、ちょっと動けば、すぐに相手に察知されてしまう。相手に予測される通りのメカニズムで動いているからである。つまり、テコ・バネ・うねり構造という概念的―習慣的な構造のうえをなぞるように、ふるまっているということである。

井桁《いげた》術理

甲野が一九九二年に発表した「井桁崩し」という術理は、このテコ・バネ・うねり構造を脱する動き方として、平行四辺形の各辺がそれぞれにズレていきながら全体の形を変えていくような動きを、モデルとして提示したものだった（井桁とは、井戸を上から見た形を図案化した紋様）。

なぜ、人は、テコ・バネ・うねり構造は察知できるのに、井桁モデルの動きは予測できないのだろうか。

それは、すべての辺が動いていく井桁モデルの動きには、止まっているところがないからである。井桁モデルとは、そのような拠《よ》りどころのない動きを表現したものであって、構造ではない。したがって必ずしも身体を井桁の形で使うとか、井桁形になぞって動くというようなことではない。構造のない動きを目指しているのである。

人は、生きて動いているもの、生成変化するものをそのままで認知することができ

井桁モデル

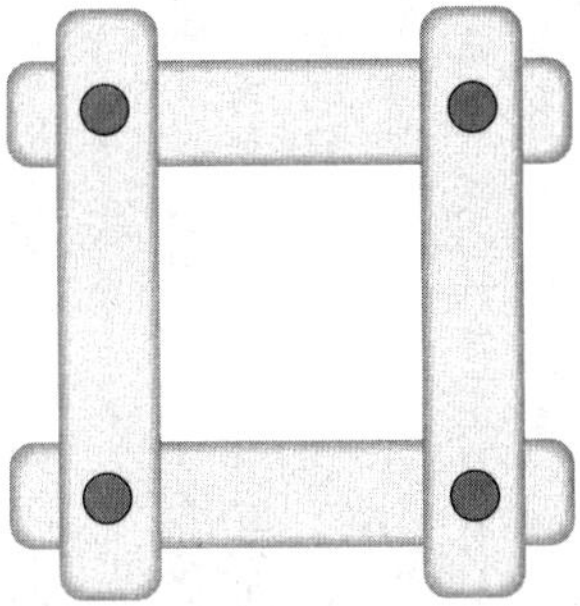

平行四辺形が崩れるとき、各辺が同時に動き、四つの支点もずれてヒンジ運動で固定化せずに、全体の形が変わっていく。捌りどころのない動きを表現したモデル

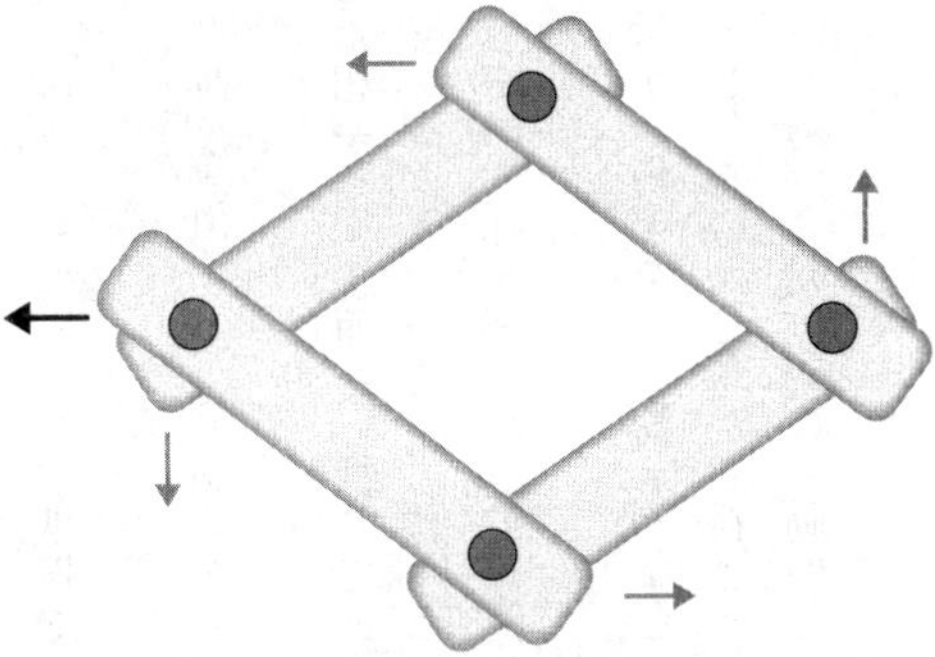

力のベクトル分解
向い合った辺が互い違いに動く

ないらしい。そのような自然の出来事に対しては、つねに概念によって固定化し、構造に還元して理解しようとする。その際の手がかりとなるのが、動かないところ、支点である。支点を感知できれば、メカニズムの働きとしての動きが把握できる。軌道が予測できる。

井桁崩しによる動きの具体的な一例を、「正面《しょうめん》の斬《き》り」という技の場合であげてみれば、次のようになる。

正座して、互いに片手の手首同士を交わした相手を、正面から押して倒す技なのだが、そのとき、押す力を二方向にベクトル分解するように、別々に働かせる。たとえば、腕は前へ出さずに、やや上方に向けてすべらせ、体幹部は前下方に倒れるように向かう。

すると、二つの異方向の力が合成された結果が、相手を倒す動きとなる。

相手は、どこから力がくるのかわからず、押されたのかどうかも判然としないまま、後ろに倒される。自分自身も、相手を倒すような方向に自覚的には動いていないのだから、自分が相手を倒したという感じがしない。

甲野のいう、機械を操縦するように身体を操作する「身体の装置化」とは、自覚的にはこのように分割した動きを行っているだけで、その結果としての動きは自覚的で

正面の斬り（正座し、互いにあげた片手の手首同士を交わし、そのまま相手を正面から斬り崩す技）

腕の部分を拡大

腕は上方へ、体幹部は前下方へと、押す力を二方向へ分解する。井桁モデルの応用である

ないという状態を意味していよう。

今あげた例は単純だが、実際にやってみると、なんらかの構造をなぞることから離れるのは難しい。どこかしらに支点を定めてしまうのである。それで、さまざまな感覚的な工夫が必要になってくる。

甲野は、より支点を消すための工夫をさまざまに重ねてきた。外見上はただ相手を押すというだけの動きにも、その感覚の蓄積が総動員される。現在では、はたからは想像もできないくらい多くの要素を同時にはたらかせているらしい。

この「正面の斬り」の形で、ふつうに相手を押そうとすると、体幹部からねじって押していくが、このねじれは、固めた支点を蹴る運動だから、かならず筋緊張をともない、それは身体の内部を硬直させ、動きを癒着させている。

その癒着した身体をより鍛えて使いこなそうとするのが、スポーツ科学をふくめた日常的な身体の使い方の工夫である。

武術的な動きでは、支点をなくし、癒着を解体して、少しでもバラバラにして使おうとする。そのためには、身体をねじって使うわけにはいかない。ねじらないことで、「うねり系」の動きとはまったく異質な力が生み出されるのである。

こうして「ナンバ」的な身体の使い方の有効性が理論化された。

局所を使う問題点

支点をなくすということは、身体を局所的に使うのではなく、つねに全体を同時に使うということである。全体が同時に動いていないということは、止まっているところ、すなわち支点があるということだからである。

支点は、動かず、耐えるところである。人それぞれの動きの癖で、支点となりやすい場所がある。

「支点となる局所は、とくによく使われるので、疲労しやすく、故障しやすくなります。

たとえば、針金の一部分だけを強く曲げることを繰り返している状態と思えば、わかりやすいでしょう。全体が湾曲するのと、一部だけが強く曲げられるのとでは、くりかえされたときの疲労はまったく違います。電気コードであれば、断線が起きやすくなる。それで、プラグの根元には、折り曲げに対する緩衝《かんしょう》作用をもたせる山型のギザギザをつけて、プラグから出たコードがすぐに曲げられないように工夫してあるわけです。

弓でも同じで、握りの近くは太く、先にいくほど細くなっています。それで全体が曲がる。そうなっていないと、握りの近くの部分だけが強く曲がることになります。

子供の頃に弓矢を作った経験でよくわかるのですが、ただ竹を割っただけの同じ太さの弓にすると、真中が一番たわんで、その上下は働かないんです。全体のしなりが得られず、その局所に弾性疲労が早くきてしまいます。それに対して、弓の先端、つまり弦《つる》がかかる弓筈《ゆはず》の近くにいくほど細くなるように作ってあれば、全体が働いて、円弧を描くようにたわみます。テーパー（先細）状に作っておくからこそ、全体が働く。そして丈夫なわけです。

釣り竿《ざお》もそうですね。もし釣り竿が、ただの棒のようだったら、たわませたときには、ある一箇所だけが強く曲がります。

身体《からだ》も同じです。

身体全体が作用するように使っていれば、疲労しにくい。ヘタな使い方というのは、要するに先細になっていないパラレルな同じ太さで作った状態の弓です。ですから、どこかに偏《かたよ》り疲労がおきてしまう。

たとえば、なにもかも全部を腰で受けているというのもそうです。

腰が全体の動きの一つの中心になっているのはいいのですが、それは動きの中心であって、そこに負担が来るような使い方であっては、壊れてしまいます。

それに対して、身体全体をそれぞれに独立させて動かしつつ、それらの動きによって全体としての働きが生まれるようにするのが、武術的な身体の使い方です。私がよく使うたとえなのですが、手に持てばずっしりと重い鎧《よろい》も、着ていればさほど重くありません。重さを、全身で分担しているからです。身体全体で動くことは、故障をさけるという意味でも、非常に重要なのです」

支点になる場所は、負担のかかる場所である一方で、動きからみれば、そこだけが働きに参加していないという場所でもある。その場所がともに働くように身体を使うことで、より大きな力を発揮できることにもなるのだという。

「身体全体を上手《うま》く使えば、わずかな力を大きな威力にすることもできます。

それには、全身のいくつもの動きを、レンズで光を集めるように一点に集中するようにするんです。何本もの線が交点になったところで力が働くようにして、複数の力が結集すれば、それぞれはたいした力でなくとも、結果としては大きな力になるでしょう。

太い棒で突いても痛くない程度の力でも、針で突けば痛いというのと同じで、力がピンポイントに集中するようにしてやれば、ほんの数キロの力で押しても、その先端が針の先ほどの面積であれば、そこにかかる力はものすごい威力になります。

　私が相手の奥襟を取ろうと出した手を、相手から両手で払われても払い落とされずに取れるというのは、ふつうに考えれば無理なことです。しかし、それは見かけだけであって、向こうは手だけで払っているのに、私は身体中全部を動員していますから、じつは『多勢に無勢』で私の方が有利なんです。

　このことは、たとえばサッカーで、向こうが十一人のときに、こっちがドーッと百十人ぐらいの人数でいけば、どんなに相手が上手でもまず負けないでしょう。つまり、それに直接参加している身体の部位が多ければ多いほど、威力はあるんですよ。

　その点、スポーツで鍛えるといっても、それが普通の動きの強化である場合は、身体中の多くが間接参加なんです。直接動いているのは腕とか肩とかで、あと背中などは、それを支えていて間接的には参加しているけれども、いわばサポーターというか直接参加を支える応援団でグラウンドではなくてスタンドにいるんですね。

　それがみんなグラウンドに出てきて参加すれば、一人一人は小さな力でも、圧倒的でしょう。そういうことを『共同募金の原理』と呼んだりもしています。小さなお金でも、集まれば凄《すご》い金額になる。ただ、それだけに、その力は、おそらく、ふつうの形では計測できないでしょうけれどね」

準備運動も整理運動も要らない

身体全体を使って、局所に負担のかからない動きになれば、わざわざ準備運動をしたりする必要もなくなる。

「どこか一部に無理のかかる動きをするから、その前に準備運動をしたり、後で整理運動をしたりする必要があるわけです。整理運動をしたくなるということは、自分の稽古《けいこ》は間違っていたということですね。どこかに偏り疲労が残っているわけだから。私は何が間違いとか正しいとかは、あまり言わないんですが、このことは言える。整理運動をしたくなるというのは、根本的にその稽古法に間違いがあったということなんです。

このことは、武術の動きの大きな特色の一つです。ただ未熟で身体が整理運動を欲しているのにあえてなにもやらないというのもどうかと思いますが、少なくとも整理運動などしなくてすむ方向を目指すべきでしょうね」

二〇〇三年暮れにドイツの舞踊家ピナ・バウシュ氏が率いるヴッパタール舞踊団が来日した際、甲野は依頼されてワークショップを行ったが、そのとき、甲野が一切準備運動をせずにいきなり激しい動きをしたことに、舞踊団のメンバーはひどく驚き、「それで身体が壊れないのか」と質問があったという。当然、「皆さんも一緒にやってみましょう」と言っても、「準備運動していないから、動けない」と、すぐには誰も動かない。それが、現代の身体を使うことにプロとしての誇りを持つ者の常識なのである。

「武術では、いつ襲われるかわからないという状況下で、すぐに動けなければ意味がありません。斬りかかられたときに、『ちょっと待て、準備体操をしてからだ』と言うわけにはいきませんからね。

それは日常生活のなかで、物を運んだり、仕事をしたりするのに、いちいち準備運動をしないのと同じです。食事を作るのに、まず入念に準備運動をして、などということはありえない。職人が仕事をするのに、まず体操をしてから、ということもないでしょう。

職人仕事で、傍目には重労働に見えることでも日常的にできるのは、身体全体を使うような動きでやっているからです。それは特別な鍛錬によってではなく、仕事そのもののなかで培《つちか》われた動きです。重いものをあつかうのに、いかにその重さを感じないように動けるか。毎日の仕事ですから、そういう工夫をしなくてはつづきません。

前近代の身体の使い方とは、そういう日々の仕事のなかで作られた動きなんです。

誰だって、朝起きて、いちいち体操なんかしなくても、ふつうの仕事はするわけですよね。それは身体にたいした負荷がかからないからでしょう。それで動いていくうちに、ますますほぐれてくるというか、身体の機能がよくなってくる。

私も三時間ぐらい稽古したときに、ますます動ける感じになります。説明していろんなふうに動いて三時間ぐらいすると、いっそう動きやすい。『ああ、疲れた』ということはまずないですね。

そういう局所に無理のかからない動きだから、スポーツとちがって、年齢にそれほど関係がない。高齢だからといって動きがすぐには衰えません。私は今、五十五歳で、むろん筋力は若いときに比べれば衰えていますが、動きの速さや威力については今がピークですし、この先、当分の間はさらに動けるようになるものと思っています。

江戸時代の中頃に出た起倒流《きとうりゅう》柔術《じゅうじゅつ》の加《か》藤《とう》有《う》慶《けい》という人は、天明六年（一七八六）に八十一歳（一説に八十二歳）で亡《な》くなっていますが、杖《つえ》をつき、耳が遠くなってからも、凄い武勇伝がいろいろありますよ。

たとえば、あるとき、まだあまり柔術が使えるわけでもないのに辻投《つじな》げをしたいという若者が三人、あまり強そうな相手だと反対にやられますから、いい相手はいないかと物色していましたら、加藤有慶が立ち小便をしているところをみつけたんです。それで、老人だし、あの爺《じい》さんをちょっと堀に突き落としてやれと思って、最初の一人がかかっていったら、立ち小便をしながらヒョイと堀に投げ入れられた。びっくりして、後の二人もかかっていったら、みんな堀に投げこまれてしまった。

有慶は、悠々《ゆうゆう》としたもので、立ち小便を止《や》めず、終わってから、『こんな年寄りを堀に突き落とそうなどとは、とんでもない奴《やつ》らだ』と言い、短刀を抜いて、『命を取ろうか、助けようか』と、水中の三人を提灯《ちょうちん》で照らしたので、三人は怖くて水中に潜ったまま動けなかったといいます。

結局、有慶は『まあ、今回は赦《ゆる》してやる』と言って、立ち去ったのですが、この話には続きがあります。三人は有慶とは同門の起倒流の小野沢勘助《おのざわかんすけ》の門弟だったのですが、その翌日、道場の奥にいたら、加藤有慶がやって来て、『勘助いるか。昨夜、わしが立ち小便をしておると、後ろからかかってきて、勝手に堀にコケ落ちた馬鹿者《ばかもの》がいたが、おおかたここの弟子だろう』と言い、奥にいた三人は『おそろしや有慶先生であったか』と、震え上がったとのことです。

有慶はまた、八畳間を閉め切り、三、四人に囲ませて自由にかからせたこともあります。

そのときは、かかってくる者たちの間を、陽炎《かげろう》のように抜けて、誰ひとり触ることもできなかった。たまに『触れた』と思ったら、その瞬間には投げられていたといいます。

こんなことは、筋肉に頼っていては絶対にありえないことですね。

武術の動きでは、速さ、強さというか威力、そして正確さが、全部同じことなんです。つまり、身体がより細かく割れてサッと動けば、大勢で引越しの荷物を運ぶようなもので、早くすむ。

よりたくさんの部位で負荷を支えれば、より重さに耐えられる。

よりたくさんのチェックポイントを通過すれば、より正確になる。より多くの角度から確認できるわけですからね。あることをやるとき、たとえば本を作るときだって、校正者がたくさんいた方がより正確になるでしょう。

だから、より多くが参加するということは、速さ、威力、正確さの全部が高まるんですよ。速さを追求した動きをしていると、威力も自然についてくるし、正確さも一緒に育つんです。それぞれ違った目的なのですが互いに足を引っ張らない。

筋力をつけると鈍くなることを警戒しなければならないような近代スポーツのウエイト・トレーニングなどとは、全然ちがうところですね。正確さ、速さ、威力。それ

ら が矛盾していないんです」

足裏の浮き

支点をなくそうとする甲野の研究は、やがて「身体が宙に浮くしかない」という方向を見出《みいだ》す。

どこにも支点がないとすれば、地面にも拠《よ》っているわけにいかないからである。むろん、ただ空中に浮いていても、身体がひとかたまりのままであれば、風船が突かれるようなもので、かえって無力である。

たぶん、袋に入れていない水がそのままとまって宙にあって、自在に変形したり、移動できたりするような状態だと、いいのだろう。

そのための工夫はさまざまにされてきたが、近年の重要な発見は、中国武術の八卦《はっけ》掌《しょう》に触発された足裏の使い方である。足裏に体重をかけず、足裏全面を同時に垂直離陸させて浮かせるというのである。

この動きは非常に特殊にみえるが、その後よく検討してみると刀を抜く抜刀《ばっとう》の動作の際無意識のうちに数十年間使っていた動きであったという。

ただ、それが抜刀時以外にも用いられることで動きが大きく変革されるのだ。なぜならこれは、走ること、歩くことにも直接にかかわってくるからである。足で地面を蹴《け》らないことは、理想的には足が宙にあることに他ならない。

「能には、つま先を上げてパタッと落とすような形の摺《す》り足がありますが、私の歩法は、そういうものとも違うんです。摺らせるんじゃなくて、足裏を水平なままで離陸させて前に運ぶ（もっとも能も、本来はそのような動きだったのではないかという話も聞きました）。そのとき、ふつうは一方を上げれば、反対側の足に全体重がかかります。それを、極力しないんです。できるだけ、片方だけには体重をかけない。

足を踏み替えても、なるべく重心がお手玉みたいに左右に移動しないようにしたいということです。

そんなこと、普通は不可能じゃないですか。右足を上げようとするときに、その右足に体重をちょっと残しておかないといけない。理論的に考えたら、あり得ないような状況を作ろうとしているわけです。

ようするに水の上を歩くようなものです。左足が沈む前に、右足を出せばいいというね。だから左足が沈みそうな、体重がかかりそうになるときに、右足を上げる。

そうすると、体重はどこに行っているんだろうということになりますが、それはなるべく移動する間で何とか辻褄《つじつま》を合わせるんです、空中に預けて。そして、その体重を、相手を崩す威力に使ったり、身体《からだ》を移動させるために使ったりするんです。

たとえば柔道などで『亀《かめ》になる』といわれるような、うつぶせになって畳に貼《は》りつくような姿勢でかまえている人をひっくり返す『平蜘蛛返《ひらぐもがえ》し』という技を私は創《つく》りましたが、その技で私は、両足の裏を水平なままで垂直に上げます。重いものを持ち上げるとき、ふつうは踏ん張るわけですが、その逆に足を浮かせるのです。

少し前に、オリンピックで優勝したアレキサンダー・カレリンというレスリング選手は、友人の引越しを手伝った時、冷蔵庫を階段を使って軽々と七階まで運んだということ、ものすごい力持ちでしたが、この人は、カレリンズリフトといって、この平蜘蛛返しのようなことを、筋力だけでやったそうです。そのくらいの筋力があれば、できないことはないのでしょうが、ふつうはまず返せるものではありません。

しかし私のやり方では、ほとんど力むことなく、ひっくり返すことができます」

この技でひっくり返されると、筋力で強引に返そうとされるのとはまったく印象が違う。甲野の手がかかっている部分は引っ張られているという感じはせず、身体がひとまとまりになってコロリと転がされるのだ。強引な感じがしないから、こちらも抵抗感がなく、さわやかなような、でもいきなり、まるごとコロリと返されるので、本

平蜘蛛返し（重いものを持ち上げるのに、踏ん張るのではなく、逆に足を浮かせる技）

亀のようにうつぶせになっている相手の太腿と肩口に手を差し入れる

両足の裏を水平なまま垂直に上げ、腰を落として相手を浮かせてから全身で立ち上がる

相手の体重は全身に散り、相手は身体がひとまとまりになり、宙に浮いてコロリと転がる

このように相手を一瞬で持ち上げる身体の使い方は、重い荷物を台車などに載せる際にも有効である

当に亀がひっくり返されたような滑稽《こっけい》な気分でもある。

この原理を立ち技に応用した、「立蜘蛛返し《たちぐもがえし》」という技もある。甲野が腰投げをかけかけたところを、相手がしのいで、甲野よりも腰を低く落としているという状態にする。これでは、ふつうは、もはや絶対に腰投げをかけることはできない。すぐに向きなおって仕切りなおさざるをえない状況だ。

ところが、甲野はこの状態から、相手を舞いあげるようにして投げてしまう。

「このときも、重要なのは、足裏の垂直離陸です。足裏を水平にしたまま、ふっと浮かせるのですが、ちょっと見たら、私がよっぽど腕力が強いようにしか見えないでしょうね。

しかし、力はほとんどいりません。足裏の垂直離陸でいったん身体を浮かせてから下へスッと沈む、つまり垂直方向に捨身をかけて、相手を舞い上げるのです。

もちろん目で見てわかるほど足の裏が床から離れることはありませんが、浮かせるように使うので、当然、踏ん張っていない。この感じの時には、身体がフッと浮いている感じがあります。足裏に手を置いてもらえば客観的にも足裏にかかる体重が減少していることがわかります。

重いものを持ち上げて引っくり返すのに、足裏を浮かしながら上げるなんて無理だ

立蜘蛛返し

相手はこちらの腰投げをしのいで、こちらよりも腰を低く落としている

こちらは足裏を垂直離陸させ、身体を少し下へ沈みこませ、その働きを利用して相手を浮かせる

相手は両足ごと浮かされるので、踏ん張りようがなく、舞い上げられる

この技は、平蜘蛛返しの立技への応用版で、基本的な身体の使い方は、まったく同じである

という気がしますが、持ち上げようとするものが重い場合、足裏を上げて身体を沈めることで、自分の体重を利用して重いものも一瞬軽くして扱うのです。

ですから、つるべ井戸のように身体の重さを使うのです。つるべの一方の重さを使うことで、反対のつるべも上がっていく。何もないよりも、つるべの重さがあるほうが楽でしょう。なぜなら、両方につるべがあれば、その重いつるべ（つるべは重くないと井戸の底の水を汲《く》めない）はもう一方のつるべの重さと釣りあっているので、人が水を汲む時、水の重さを上げる力だけですむからです。それと同様に、自分の身体がドンと沈む力を使って、相手をポンと上げて、それから立ち上がって一気に引っくり返すのです。ただし一瞬のことなので、客観的には私の身体がはじめに下がってから次に上がるというふうには見えないようですが。

足裏をフッと上げた瞬間、自分の身体が宙に浮くから、その体重を使って相手を上げる。つるべは定滑車ですけれど、このとき腰が沈むので、どうやら動滑車の働きもあるような気がするのですが、それについては私にもまだよくわかりません。

もし、このときに踏ん張っていると、自分の体重は床の方にどんどん押しつけられていますから、使うことができません。

普通に立っているときは、足が自分の体重を引き受けています。ですから、たとえば相手を下に崩すために自分の重さを利用しようと思ったら、足の裏が引き受けている自分の体重をまず上へ移動させなければなりません。上へあげておいて、その重さが落ちるのを利用する。そのために、たとえて言えば、いったん下に溜《た》まっている水をポンプで汲み上げなければならないわけですが、それでは当然、遅くなります。

別のたとえで言えば、『いますぐ車が必要なんだ』というときに、タクシー会社に電話しても、朝早かったりすると、『あっ、いま車庫なんで、そこから出るんで時間がかかりますけど、いいですか』となるようなものです。日中なら、その辺を走っている車を無線で呼べるので、近くにいるのがすぐに来るでしょう。

また、よく『しっかり立って』などと言いますが、それはタクシーが車庫に入っている状態なのです。自分の体重が足の裏の方に落ちている。それをエネルギー源として使うとき、いちいちモーターで汲み上げないといけないようなもので、用意に時間がかかるのです。

ですから体重を足裏にはかけないで、フッと漂わせておくようにします。そうすれば、すぐに使えます」

すぐに使えるとは、どんなに不意な状況でも、自在に応じることができる、動くのに、いっさいの準備がいらないということ。それを甲野は「予測しない動き」と呼ぶ。

言いかえれば「隙《すき》がない」ということだろう。支点がなく、つねに全体で動いている状態ということでもある。ただ立っているだけで隙がないということは、どこにも拠りかかっておらず、瞬時にどこも蹴ることなく全体が動き出せるような状態にあるということ、身体のどこも起点とせずに動き出せるということである。

一時停止された動画が再び動き出すまでのように、止まっているようでも、実は動きの途上にあるようなものなのだ。静と動の一致とも言えようか。時間が停止したように、静止しながらも、今にも流れの迸《ほとばし》り出んとする刹那《せつな》の身体でありつづけることができれば、動かないままでも、すでに技となっているだろう。

逆さ独楽《ごま》

この足裏の使い方による、どこも蹴ることなく自在に動けるような動きは、「逆さ独楽」という技を生んだ。

「これは足裏の垂直離陸とも関連が深いんですが、一方の足裏を垂直に離陸する前に、もう一方の足裏を水平にして垂直に落下させるところに特色があります。

これによって全身のアソビをとり、うねりやすい身体を一瞬にして、ある緊張感を持ったエネルギーが伝わりやすい構造とするのです。

と同時に、前に出した足の垂直落下と後ろ足の垂直離陸（とくに後ろ足の踵《かかと》が浮かないように注意して）の急ブレーキ効果で、瞬時にどちらへも動きやすい構造が生まれます。

つまり普通に走っている方法では、うねり系の動きのためにそこに発生している慣性力を統御しにくく、いきなり身体の向きを変えて動くことが難しかったのです。それが足裏を垂直に落下し離陸させることで、口の細い瓶をいきなり立てたように、回転していない独楽を逆さにポンと置いたような状態になり、瞬間に左右どちらへも身体を動かせる（倒せる）状況が生まれるのです」

この動きは女子バスケットボールの濱口典子《はまぐちのりこ》選手に質問されて、甲野がその場で案出した動きだという。この動きを身につければ、速く走れるだけではなく、いきなりの方向転換も自在になるわけだ。そして、そのまま人を倒すような武術的な技ともなる。

このように身体をうねらせず、各部が若干の順序を持ちつつも、ほとんどいっせいに動けるためには、部分ごとに意識を向けているわけにはいかない。意識による上意

逆さ独楽（方向転換を自在に行う技）

足裏の垂直離陸の動き
が重要である

足部分の拡大

＝

足裏の垂直離着陸でブレーキをかけ

＝

そこで生まれた力で方向転換し

＝

相手を抜き去る

下達的な命令で動いていては間に合わないのである。全体が調和して動けるには、その調和したときの感覚を「身の規矩《かね》」として動くしかない。

そこで、たとえば「腹」や「腰」という感覚が重要になる。かつての職人がよく「腹でやんなきゃ駄目だ」とか「腰を入れてやれ」とか言った「腹」「腰」である。

筋力的な感覚に対して、古来の「腹」「腰」という感覚は、釣り合いの指標としての調和感のことだった。よく腹式呼吸をして充実を感じると言われる「腹」は、筋肉的な力感を腹にとらえていることが多く、それでは釣り合いをとらえる「身の規矩」とはならないだろう。ここにも身体を構造として見る解剖学的身体観のうえでの「実感」の陥穽《かんせい》がある。古人が重視してきた「腹」は、当時の身体観のうえにある「腹」であり、それを現代の身体観で理解すれば、観念にすぎなくなってしまうのである。「足裏の垂直離陸」も、「身の規矩」となる感覚であって、客観的に見て厳密に足裏が水平なまま垂直に上がっているかどうかの問題ではない。

甲野の技をスポーツに応用し、野球をはじめ、さまざまな選手の指導をしている高《たか》橋《はし》佳三《けいぞう》氏は、「足裏の垂直離陸」の応用が非常に有効だったという。

「ハンマー投げの選手に感覚をつかんでもらうのにやったのは、椅子《いす》に坐《すわ》った状態で、背を後ろに倒さずに、両足をあげる稽古《けいこ》です。実際にはあがらないんですけど、くっ

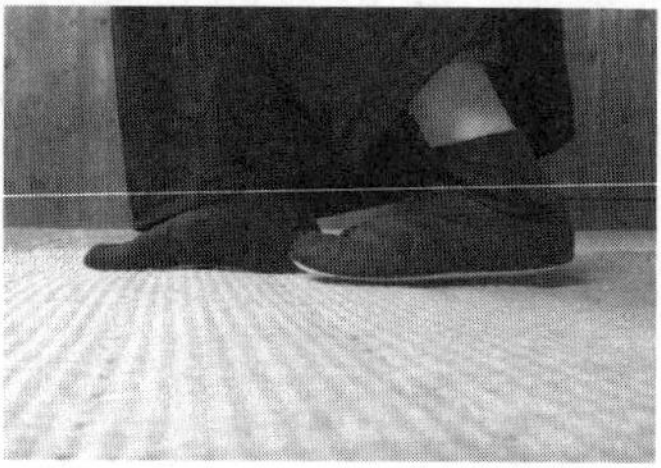
前足は垂直落下し、後ろ足は垂直離陸している。瞬時にどちらへも動ける状態

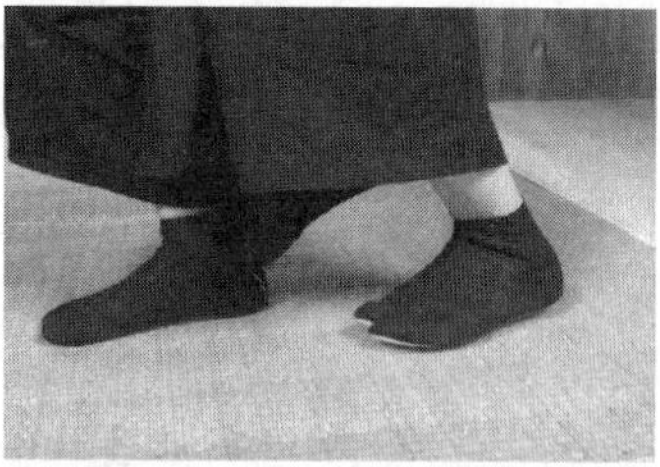
同様の状態を上から見た場合。その微妙な状況はなかなかわからない

とあげようとする感覚が、体幹の訓練にいいんじゃないかと思うんですね。その子は、この感覚をつかんでからハンマー投げのターンがよくなったって言ってます。最後のまとまり方がよくなったんですね。

足裏の垂直離陸って、体幹で身体《からだ》をまとめる作用が一番大きいと思ってるんです。だから本当にいろんなことに使える。走るときも、足がすいすい前に出るようになります。ピッチングにもいいし、ランナーのリードなんかもかなり早く出られると思います」

武術そのものを稽古しているわけではないスポーツ選手が、このように武術の動きのうちの一つだけを稽古して効果をあげられるのは、それが「身の規矩」となる感覚の訓練だからだろう。その感覚を一つつかむだけでも、全身の動きが変わってしまうのだ。

武術の動きを学ぶうえで、どれが基礎訓練とも言えないのは、このようにすべてが基礎的な動きの統御にかかわる工夫だからである。

もちろん甲野のように動けるためには、身体の細かな分節など、さまざまな角度からの修練が必要になる。やはり「スポーツ界でも一握りの人しか、こういう動きはできないでしょう」と、甲野は言う。

「ふつうの人が走るには、現代的な走り方のほうが、はるかに効率はいいですよ。現実的には、ナンバ的に走ることは難しいと思います。それだけにやり甲斐《がい》があるとも言えるわけで、ふつうの人にはできないことだからこそ、『術』と呼べるものになるんです」

誰でも実感できるナンバの効用

椅子を階段に見立てる。大きな段差をのぼったり一段おきに上がる時、同側の手足を同方向へ動かした方が、一般的な逆側の手と足が同方向へ動く動きより、はるかに楽である。試してみれば誰にでも実感できる

とはいえ、甲野のやってみせるような術だけが、ナンバというわけではない。ごく単純に同側の手足を出す動きとして理解したナンバ歩きであれば、もちろん誰にでもできる。それだけでも、状況によっては有効だという。

「大きな段差のある階段をのぼったり、一段おきに上がったりしてみれば、やはり同側の手と足とを出したほうが楽だということは、別に訓練を重ねなくても、誰でも、その場ですぐ実感できるはずです。

坂の多い長崎県の佐世保で郵便配達をしている人が、これを教わってからずいぶん

楽になったと言っていましたし、カルチャーセンターで三回ほど私の講座を受けた年配の女性からは『家の近くの急坂が若いときよりもずっと楽に登れるようになりました』と感謝されました。

それから、これは山岳救助の方が言っていたのですが、非常に体力を消耗した時、気がつくと、いつのまにか歩きが変わっていて、いわゆるナンバ的に同側の手足が同方向に動くように歩いていたそうです。

このような坂道や階段で試してみれば、どこの国の人であろうと関係なく、誰でも、この、いわゆるナンバ的歩法の方が、たしかに楽だとわかるはずです。

しかし、私は、ナンバの歩法が絶対的にいいものだとか、これが最良の歩法だとか主張するつもりはないんです。ただ、『人はこう歩くものだ』という固定的な視点を外してみようということを言いたいんです。歩き方のような、もっとも基本的な身体の使い方ですら、多様化できるものだと自覚することには意味があると思います。現代は、いろいろなことが多様化して、どう対応すればいいのか簡単には判断できなくなっていますから、もっともベーシックな部分も多様化させて考えないと、これからは駄目だろうと思うんです」

歩法の多様性とは、身体観の多様性でもある。

甲野の動きをアニメにしたら手抜きに見えてしまうのでこれはアニメにはできないと宮崎駿監督が苦笑したというように、我々は、そのうちの一つの身体観だけを現実として、この世界を生きている。だが、その現実は、習慣としてきた身体観のうえにあるにすぎない。身体観が変われば、現実も変わるのである。

第三章　スポーツと工学

「運命的な出会いだったと思っています」と、筑波《つくば》大学大学院でスポーツバイオメカニクスの研究をしながら、野球部のコーチをしている高橋佳三氏は言う。

高橋氏は、二〇〇三年一月に甲野に出会い、わずか半年ほどで武術的な動きになじんで、今では甲野がプロスポーツの選手や団体に指導を依頼されたときなどに同伴し、選手たちにスポーツへの応用についてアドバイスをするようになっている。甲野自身による説明よりわかりやすいと、選手たちから、ありがたがられているようだ。甲野にとっても、貴重な存在だ。

出会った翌日には応用に成功

高橋氏が甲野に興味をもったのは、テレビで桑田選手を指導した武術家として紹介されていたのを見たことからだった。

「研究と野球のコーチとをやっていると、どうしても研究が先行しがちだったんです。自分としては、研究の成果を選手にあてはめようとするコーチは好きじゃないんですけど、このままだと自分はそうなってしまうという気がして、どうにかしたいなと思っていたんです。

体育学会の発表で、スピードスケートの清水宏保《ひろやす》選手のコーチが、チータの走り方をみんなで検討して討論したり、歌舞伎《かぶき》の本を読んだりしていたということを話されたのを聞いて、そういうことをやりたいなと思ったりもしていました。

そんなときに、テレビで桑田選手のことをやっていたのを見たんです」

ずっとファンだった桑田選手が信頼している人だから、不安はなかった。期待して、東京・恵比寿《えびす》で行われていた稽古会《けいこかい》に行ってみた。

「あ、テレビで見た人だ」

これが第一印象でした、と笑う。

「すごいんですけど、わけわかんないですよね。（動きが）見えないし。

野球やってるって言ったら、牽制《けんせい》を見せてくださったのですけど、速いんですよね。野球の動きじゃないんです。何なんだろうか、これはって、びっくりしました。

ただ、自分も工夫をするのが好きで、牽制も甲野先生ほどではないけど速いほうだったので、ちょっと通じるものを感じたんです。

ふつうは、セットポジションに入って、一で手を上げて、振り向いて、二で踏み出して、三で投げるんです。一、二、三となる。それを、一で回って足をつくところまでいって、二で回る勢いで投げるというふうにして、一、二で投げたいと思っていたんです。それを甲野先生は、一コンマ二ぐらいで投げてた。今だと、一で、もう投げてますね。

それを見せてもらった次の日、野球部の練習に行って、初めて手に入れたおもちゃを見せびらかすみたいに、言われたようにして牽制をやってみたら、これが速いんですよ。

もう、その日から教え方が変わりました。膝《ひざ》を抜くんだよって。そうしたら、むちゃくちゃ身体能力のいい子が一人いて、教えたら、すぐにできたんです。こりゃいいわ、って思いました」

これまで、武術的な動きをスポーツに取り入れようとしても、なかなかうまくいかなかった人も多い。スポーツ的な動きで訓練を重ねてきた選手たちにとっては、なかなか転換が難しいものなのだろうと思っていたのだが、どうやら、そういうものでもないらしい。とはいえ、簡単にはできないからこそ「術」的な動きともなるのである。初めて接した翌日からもう成果を見ているという人は珍しいだろうと思う。その後の上達ものすごく早かった。

両者を分けているのは、いったい、何なのだろう。

「身体《からだ》の使い方が、わかるか、わからないか。そこが一番の違いでしょうね。

たとえば、自分では蹴《け》ってはいないつもりで、実際は蹴っている人は多いです。肩《けん》甲骨《こうこつ》が背中に癒着《ゆちゃく》していっしょに回ってしまうと、うまくいかないんです。

アテネ・オリンピックの始まる少し前、甲野先生に声をかけていただいて、桐朋《とうほう》高校に女子バスケットボールの日本代表の濱口典子《はまぐちのりこ》選手が練習に来られるというので、一緒に行ったのです。そこで濱口選手は、膝を抜いてくるっと回るっていうことが、最初はできませんでした。蹴ってしまうんです。『目線がこの位置から下がるときに回るんですよ』と言っても、駄目だったんです。でも、『肩甲骨をいったん小さくたたんで、また伸ばすような感じにするんですよ』と言ったら、うまく回れるようになった。そういうほんの微妙なことがつかめるかどうかが、分かれ目ですね。ラグビーなんかだと、ガチガチの身体をしてる人が多いので、肩甲骨を動かして見せるとびっくりしますよ」

身体を細かく分節し、それぞれの部分を分離しつつ、かつ連動させて使えることが、武術的な動きには必要になる。その前提となる感覚を見出《みいだ》せるかどうか、が分かれ目のようだ。

では、高橋氏は、どのようにしてその感覚をつかんでいったのだろう。

当時、恵比寿の稽古会は月に二回行われていたが、そこには、筑波から欠かさず通ったという。

「とにかく武術の動きを、見て、受けてみよう。新しいことをやってみよう、と考えました。応用は自分でやればいいことですから。

それからは、自分の身体といかに対話ができるかということばっかり考えてました。手を上げるという動作一つでも、ただ上げると肩がつまるけど、背中を使って上げるとすごく楽だとか。そういうことを、ずーっと考えてました。歩いてるときとか、ただ立ってるときとか、することがないときはずーっと考えてたというか、考えるために何にもしてなかったというか。

月に二回というのは、ちょうどよかったですね。もっと頻繁にお会いできてたら、あんなに真剣には見なかったかもしれないし、その間にも、あんなに一生懸命考えなかったかもしれませんから」

濱口選手に蹴らないで回るコツを教えた例からもうかがわれるように、高橋氏は、このようにして見出した感覚を人に伝えることも、かなりうまいようだ。

高橋氏の指導を受けつつ甲野の動きを取り入れている選手は、野球以外にも、ラグビー、ハンマー投げ、砲丸投げ、棒高跳び、バドミントンなどにおよんでいる。いま一番熱心なのはハンマー投げの選手だそうで、成果が出始めているという。

高橋氏による野球への応用例について、具体的に聞いてみた。

野球への応用

「ピッチャーへの応用では、まずは『前後斬り《ぜんごぎ》』がいいなあと思ったんです」

前後斬りとは、剣を正面に斬り下した後、身体を百八十度向きかえるのと同時に、剣も振りかぶって、身体が反対向きになったと同時に、また斬り下すという技で、身体と剣を持つ腕とが一致して動けるようにすることが稽古の眼目となる。

「ボールを投げるとき、振りかぶったところから、身体が先にいって、手が遅れてくる人が多いんですが、それだと、たとえ速くても、コントロールが悪くなるんです。

前後斬りのようにやれば、身体と手がうまく一緒にすっと前にいきます。桑田選手

前後斬り

まず剣で正面を斬る

身体の向きを180度変える動きに同調して剣を振りかぶる

身体の向きが変わり終わったのと剣の斬り下しを一致させる

の投げ方は、それに近いですね。

するど、コントロールがよくなって、さらに何球でも投げられるようになりました。球速が速くなるのではなくて、自分の最高の球速を楽に出せるようになるんです。走ることでも同じじゃないかと思うんですが、その人の最大のポテンシャルを楽に出せるようになるんです。同じ速さの球を、努力感なしで出せるから、誰でも、コントロールはよくなると思います。バッティングやピッチングの正確性は絶対に上がると思いますね。

バッティングは、甲野先生が竹刀《しない》で斬りあった相手をゴンと崩す動きが、ものすごくいかせると思う。あたる瞬間にとめるという『石鑿《いしのみ》の原理』というのがありますが、アメリカのメジャーのバッティングは、あれに近いように思います」

「石鑿の原理」とは、拳《こぶし》や剣が相手にあたる瞬間に、全身を使って自らの動きをとめることで、強力な威力だけが飛び出すように相手に伝わる、という身体の使い方で、竹刀で打ち合うときにこれを行うと、相手は身体に染《し》み込んでくるような圧倒的な衝撃を受けて竹刀を沈められる。

たしかにこれでボールを打てば、かなりの効果が期待できそうだが、メジャーのバッティング・フォームに、この甲野の動きに通じるものがあるというのは、いささか意外な気がする。だが、マイケル・ジョーダンのディフェンスを抜ける動きが甲野の動きと似ているとも言われるように、国や競技をとわず、優れたアスリートの動きに共通するものがみられることがあるようだ。

女子バスケットボールの濱口典子選手は、かってついていた韓国人の監督から、日本人選手がアメリカに学ぼうと一辺倒なのに対して、「NBAの動きを真似《まね》するんじゃなくて、日本人には日本人の動き、韓国人には韓国人の動きがあるはずだ」とアドバイスを受けたという。事実、韓国は独特のやり方を編み出していた。濱口選手は、そのときは、どうすればいいか、よくわからなかったが、甲野に出会って、このことだったかと思い当たったという。

甲野の動きが、日本人的な身体の使い方のうえにあることは事実であり、そうとらえることで身体への理解を深めてゆくことができると思う。その一方で、実際にそのような動きをしている選手が、むしろ日本人以外に見られるということは、結局、より有効な身体の使い方を求めて工夫しているかどうかという問題になるのかもしれない。

なにが工夫を妨げているのかについては先に記したが、日本でメジャーのようなバッティングが行われていないのには、暗黙のうちにある条件の違いというものも作用しているらしい。

日米の野球の違い

「日本はきれいな直球、ストレート・ボールを好みますが、アメリカにはストレートという概念はありません。速球、ファスト・ボールという概念しかない。それは、日本ではムービング・ファスト・ボールと呼ばれて、ストレートとは区別されます。球道が少し動く速球のことです。アメリカでは、ストレートがないから、ムービングという意識もなく、すべてただのファスト・ボールです。ピッチャーの投げる球は、動いてなんぼだという発想ですね。球速百五十キロくらいのボールが動くわけですから、日本人選手にはなかなか打てません。

日本では、きれいな球道のボールだから、きれいなスイングで、あわせられるんです。だけどアメリカだと、こうやってバットがスイングしてゆくあいだに、球が動いてしまう。メジャーリーグに行った日本人選手がなかなか打てないのは、そのためです。典型的なのが、松井秀喜選手ですね。きれいなスイングのなかで打つタイプだったから、動く球だと芯《しん》にあたらずに、ゴロキングなんて言われてる。これからよくなると思いますけど。イチロー選手はもとから変化球を打てるから強いんですね。

もし日本人もメジャーリーガーみたいな打ち方ができるようになれば、球の軌道がきれいな分、なお打ちやすいと思います。こう曲がるってわかってるわけですから。打率があがると思うんです。

ピッチングについては、メジャーみたいに動く球は有効ですけど、日本では審判がストライクを取ってくれないから、それを教えていいのかどうか、迷いますね。直球って、日本人の美意識なんですよ。きれのいい、まっすぐな球っていうのが。だから審判も、まっすぐスーっときてバシンと捕手が捕らないと、ストライクにしないんです。

メジャーリーグでは、キャッチャーが姿勢を崩して取っても、ストライクゾーンに入ればストライクです。日本ではちょっと身体を傾けて取っただけで、ボールにされる。空間設定とは別に、曖昧《あいまい》な基準があるんです。

文化の違いなんでしょうね。速ければいいという合理性を求めるのか、きれいさを求めるのか」

そういえば以前に、誰が書いたものだったか忘れたけれども、日本人が野球好きなのは、ホームランのボールが描く放物線を愛しているからではないかというエッセイを読んだ覚えがある。たしか、街中に張りめぐらされた電線なども、その嗜好《しこう》の例にあげられていたと思う。

かすかな弧をはらんで、すーっと伸びてゆく直線を、たしかに日本人は好んできたような気がする。

ストレートにこだわるのも、それなのだろう。そのような美意識を変える必要はないと思うが、そのために技術的な追求が甘くなっているのだったら、ちょっと残念ではある。美意識にかなった世界のままでも、アメリカ的合理性に負けないような身体の使い方を見つけていってほしいものだ。

高校生らしいプレイとは?

もっとも、美意識まがいの妙なスローガンが、スポーツを駄目にしている場合もある。内実の不明瞭《ふめいりょう》な「高校生らしいプレイ」といった類《たぐい》である。

「日本の野球は、とくにアマチュア、高校野球はとりわけそうなんですけど、工夫する場面を奪われているんです。

奇襲戦法と呼ばれる、たとえば偽投牽制《ぎとうけんせい》って、筑波大学で僕らの代では一生懸命教えられたんですけど、今の高校野球ではボークとされてしまいます。

僕は普通の公立高校の出身なんですけど、公立高校がどうやって強豪校に勝つかっていったら、なにか工夫するしかないでしょう。サイン盗みなんかはまあ論外としても、とりあえずの工夫は、ルール違反にならないならいいじゃないかと思うんです。でも、スポーツマンシップとか高校生らしくないとか言われて、禁止される。いまどき、高校生らしさって何だろうって思うんですけどね。

こんなふうに工夫する機会や考える場面を奪っておいて、今の子は考えることをしないとかできないとか論評するのはおかしいだろうって思う。

工夫ができなければ、力のあるチームが勝つしかないじゃないですか。でも、頑張れって言う。何をどう頑張れって言うんでしょうね」

とかくスポーツには、「アマチュアらしく」「高校生らしく」「スポーツマンシップ」といった精神性が語られがちだ。それらがフェアなゲームに徹して力を尽くすというような意味であれば大切なこととも思うが、フェアということが工夫の排除を意味するようなら、弊害も大きい。実際、「高校生らしくない」という否定形で行為の禁止、抑制の理由として使われることが多いが、野球そのものに駆け引きがつきものであることを思えば、「高校生らしさ」の線引きなど、まったく恣意《しい》的なものでしかない。

しかも、指導者が選手を都合よく支配するために、その理念を利用していることも多いのではないかと思う。

またマスコミが「青春」という虚構を演出するために利用していることもある。最近の甲子園大会の上位校には、甲子園出場のために競争の厳しい地方から籍を移してきた選手が多く、地元出身者がほとんどいないことも珍しくないが、それにもかかわらずテレビが「郷土愛」という虚構を演出しつづけていることにも、同じようないかがわしさが感じられる。

これらの虚構は、いったい誰のためにあるのだろう。

もちろん、それは高校野球に限った事情ではない。ましてプロスポーツでは、試合そのものがいったい誰のためにあるものなのか、よくわからなくなっている。最近のプロ野球リーグの再編をめぐるトラブルは顕著な例だ。バレーボールのように、テレビ放映の都合にあわせてルールを改定され、選手は困惑し、観戦者にとっても試合が面白くなくなった例もある。そうして視聴率が落ちれば、テレビ局にとってさえ利はなくなる。メディアとスポーツとは独立しているほうが、互いのためなのではないだろうか。

利権複合体としての社会システムは、楽しむための営みをも利権化し、楽しくないものにしてしまう。そのメカニズムから外れて自由であろうとする意志をこそ、「アマチュアらしく」とか「高校生らしく」と言ったはずだ。禁止や抑制のための言葉でなく、生き生きとしていようとする意志の表現として使ったほうがいいと思う。もっとも、オリンピックがアマチュアリズムを捨てたときから、スポーツ界はもはやそのようなことに価値を置かなくなったのかもしれない。

それでも身体《からだ》は動く

現実の状況がどうであろうと、技を追求する人生を送る人は、追求を続ける。

「人工芝と、土や天然芝の違いは大きいです。人工芝だと、きれいな打球しかこないから、イレギュラーな守備の対応力が育たないんですよね。

でも、桑田選手は、ゴロがきてバコンと顔にはねてくるという、昔ならまず顔にあたるか、かろうじてよけられるぐらいの球が、今だと膝《ひざ》を抜いて捕れるっていいます。あるいは、センター前に抜けるはずだと誰もが思うような球でも、ふっと膝を抜いて捕れるそうです。それを後で見ていた二岡《におか》選手から、『桑田さん、なんで今の球が捕れるんですか』と聞かれたから、『ボールがそこにあったから捕ったんだ』って答えたらしいですね。

膝を抜くっていうのは、非常に有効なんですよ」

折れて飛んできたバットが桑田選手の顔にあたりそうになった瞬間、膝を抜いてよけたときも、そのことが新聞に報道されるほど、話題になったものだった。

だが、そのような桑田選手の守備能力の著しい向上を見ても、他の選手はそれを真似ようとか、教わろうとかすることはないらしい。「桑田選手は別格だからできるんだ」と考えて、手を出そうとしないらしいのだ。

「一軍で活躍してる選手は新しいことを取り入れることに不安があるのもわかるけど、成功していない二軍の選手は、こういうやり方を取り入れるしかないと思いますけどね。

でも、そういうことは、うちの部員にもありますよ。

なにかやって見せても、『あ、すごいですね』って言って、それでおしまい。

僕のような若造が言うのもなんですけど、今の若い子って、そういう傾向が強いですね。

すごいって思っても、やってみる前に『難しいですね』って言って、自分ではやろうとしないんです。

バッティングを見てくださいって言ってきた子に、アドバイスしても、『それ、難しいですね』って言う。『お前、聞きにきたんじゃないのかよ』って思いますよね。

こちらも、その子にできないようなことだったら言わないですよ。『やりもしないで言うな、とりあえずやってみろ』って言って、やらせると、できるんです。『あ、できますね』『ほら、やればできるじゃん』ってなる。それで、びっくりしてる。

最近の若い子らの特徴は、とりあえず難しいことに手を出そうとしない、やってみようとしないことですね。そして、やってみて、初めて自分の可能性に気づく。自分のことをわかってない子が多いんですよ。ようするに、答えがあることしかやらないんですね。

最近、朝早くに希望者だけ集まって古武術の稽古《けいこ》しようよって声をかけたんです。本気でやりたいなら、朝早くても来るだろうと思って。そうしたら集まったのは、部員七十名中、十五人くらいでした。

そういう朝早くに来るような子でも、これはこうやって野球に応用できるよって言うと、すっとやるんですけど、そう言わずに武術の技だけやってみせると、『すごいですね』って言って、終わるんですよ。それで、『これは何に応用できるんですか』って聞くんです。それはもう、はっきりとしてますね。

甲野先生は、一つのことに気づくと、すべての動きが変わるじゃないですか。でも、今の若い選手は、これはこれに効くとか、これをこうしたら守備がこうなるっていうのはわかるんですけど、走塁のスタートを変えたら守備のスタートも変わるっていう発想はないんですよ。

だから、トレーニングや技術練習が試合に直結してこない子が多いんです。それぞれは単発ですごく頑張るんですけど、練習で頑張ることだけが目標というか目的になっていて、試合にうまく結びついてこない。なんのために勉強してるのかわからないっていうのと同じなんでしょうね。

うちの学校の場合、授業の内容も、ちゃんと学べば野球にも役に立つことがいっぱいあるのに、授業と部活とで別になっていて、生かされていない。すごい先輩がいても、すごいなあと思って見てるだけで、聞きに行くようなことはしない。好奇心がないし、自分にできるとは思わないんです」

だが、高橋氏が選手たちに武術的な動きを教えていくことは、そのような子らにとっても大きな刺激になるのではないだろうか。それまで無縁と思ってきた武術と自分の競技とに通じるものを見出《みいだ》す体験を、自らそうして活用している高橋氏から教えられるとき、そのような高橋氏の考え方や生き方も伝わっているはずだからである。

肩甲骨《けんこうこつ》の動かし方を伝えることは、たんなるノウハウの伝授ではないのである。そこで起こっているのは、技を追求して生きる身体の響きあいである。

だが、このような高橋氏の取り組みは、研究者としては、周囲から評価どころか、理解もされず、研究とはみなされていないらしい。だから、論文の執筆には頭を悩ませている。「甲野先生のところにきてからの一年半、論文を書くことに葛藤《かっとう》を感じています」

運動科学の世界には、身体のリアリティを持ちこんではいけないのだろうか。

科学的トレーニングは、理論によって身体を調教するが、身体によって理論を変えることも必要だろう。というより、それをこそ科学というのではなかったろうか。

論文審査の席上で、追い詰められた高橋氏はつぶやくのだろう。

「それでも身体は動く」

工学者からの注目

武術と科学的な発想とは相容《あいい》れないとはいうものの、甲野に関心を寄せる工学者もいる。

かつてホンダでアシモの原型となる人間型二足歩行ロボットを開発した田上勝俊《たがみかつとし》氏は、甲野のムック本のための対談で初めて甲野に会った。そのときの印象をこう語る。

「人間には限界がないんだということは、いろんな分野で考えてましたけど、身体というものでね、ああして目の前で見て、自分自身で味わうと、人間っていうのは、極

最新型の ASIMO

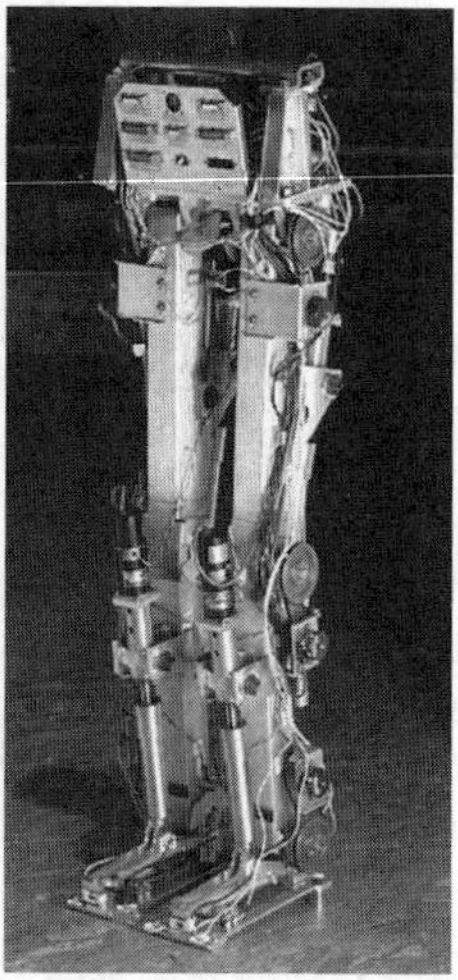
初期の二足歩行ロボット

（写真提供・HONDA）

めて行くとほんとに限りがないんだなあって、実感しましたね」

　二足歩行ロボットを開発した工学者としては、甲野の動きにも、なんらかの工学的応用の可能性を感じているのだろうか。

「工学の場合、甲野先生の動きを機械でそっくり真似《まね》て、同じ動きができるロボットができたなら、そのときに原理がわかったってことになるでしょう。

　私らがやったロボットは、そうやって作ったんです。人間が歩いてる原理は、わからない。わからないものを考えていてもしようがない。とにかく人間が歩いてることは事実なんだから、それを真似して、人間と同じように手や足を作って、同じディメンションで同じように動かせば、動くはずだって考えて、始めたんです。

原理がわからないときの、一つのアプローチとして、真似してやってみようっていうことがあるわけです。人間型ロボットは、歩けて完成したときに、原理がわかった。原理の研究でもあったわけですね」

二足歩行ロボットの開発は、まず研究者の一人が膝や足首などの要所にランプをつけて歩き、その姿を撮影して、身長から各部の位置、角度など、すべてをそのままプログラムに移すという方法で行われた。ついにロボットが歩いたとき、それを見た秘書が即座に「あ、○○さんだ」と、その研究者の名をあげたという。歩き方の癖まで、そっくりロボットにコピーされたわけだ。

「個人差がどうであれ、とにかく歩ければよかったんですよ。現実にその人は歩いているわけだからね、それをコピーすれば歩くはずだってことでやったんです。それで原理がわかれば、あとは身長を変えるなりなんなり、いくらでも応用はできます。

しかし工学的応用というのは、見えないかぎり、できないことですからね。甲野先生のは、身体の中で起こっていることですから、それを工学に応用するということは非常に難しいです。スポーツに応用するという場合は、人間と人間だから真似できるわけですね。

生き物に学ぶということは、自己組織化をどうとらえるかという問題です。生物の自己組織化のテーマは、ずっと前から取り組まれてきて、過去に何回も行き詰まってるわけですよ。要素還元論では駄目だということで、サイバネティクス、ニューラルネット、バイオミメティックスだとか、生物に学ぼうということは前からずっとやられてきたわけです。

生物というのは複雑系なんですね。その複雑系っていうのも行き詰まってしまった。結局わからない。わからないなりに、それなりに進んでますよ。でも、それはこれまでの工学でわかっている範囲での自己組織化でしかない。

それくらいみんなが目を向けてきて取り組んできたけど、出来てない。それくらい大変なテーマなんです。

ただ、甲野先生が非常に貴重なのは、語ってくれることです。ふつうの人間が退化して出来なくなったことが、あの方は出来ている。生物はそれを語ってくれないけど、先生は語ってくれる。そうすると、今までわからなかったことがわかるかもしれない。これが最後のチャンスなんじゃないかな。甲野先生みたいな人がいてくれて。

でも時間がかかると思いますよ。拙速には要求しないほうがいい。ニュートン以来の力学の歴史が何百年とかかって出来てるわけだから、同じくらい時間をかけて出来ていくことじゃないですか。

でも、今の若い人は、そんな研究はしないですよ。手間がかかりすぎるし、科学的でないし、今の人たちはみんな頭がいいですからね。そんな仕事に一生をかけて、出来なかったらどうするっていうふうに考えますから。わかってることしかやらないんです。

学校の教育がそうですよね。答えのわかってることしか、求めなかったでしょう。人生は、つねに今までにないことに直面していくことで、答えのないものを選んで進んでいかないといけないわけじゃないですか。なのに、いつも答えのわかってる問題を与えられてきた。

それで、すぐに『それはどうやればいいんですか』って聞いてくるんです。答えのない問題に取り組めないんです。

仕事を頼んでも、『やったことがないから、出来ません。どうやったらいいんですか』って言うんですよ。失敗しないようにするんですから、出来ることしかやらないのと同じじゃないですか。

日本は、これから新しいものを作っていかなければいけない立場にきてるのに、これではとても闘えませんよ」

さっき高橋氏がスポーツ界のこととして語っていたこととまったく同じことを、田上氏は産業界のこととして語る。

ようするに今日の日本の現状は、いずこも同じということだ。

「経営者も、容易に答えの出る、利益につながる研究しか、やらせませんしね。長い時間のかかる研究なんかやらせない。私がやったような研究は絶対にやらせませんよ」

新しいものを生みだす姿勢

このような企業の現状を憂《うれ》えている田上氏は現在、金沢工業大学の客員教授として、隔月に一回、企業の中堅幹部を集めた「新技術研究会」を開き、今後の企業を担《にな》う人材の教育に取り組んでいる。

そのセミナーは、毎回、ゲストを呼んで話を聞くという形で行われているが、甲野も招かれて実演や話をした。

企業人からは、いったいどのような反応があったのだろう。

「みんな感動してました。

でも、それをどういうふうに消化してっていうことになると、答えがないから、会社に帰ってから部下に説明しにくい、上司に報告しにくいとかっていうことになってね。

そんなことはどうでもいいんだけどね。

でも、会社のほうからすれば、何してんだってことになるのかも。まあ、そういうことを考えてるのかもしれない。

でも、全員が感動して帰りましたよ。何かわけわからないことが起きる凄《すご》さっていうのにね。

ただ、そこで止まっちゃってる。

それは無理ないところもあります。トップアスリートのような限界に挑戦してる人たちならわかるんでしょうけど、企業人ですからね。

だけど、マネージメント、部下をどうしようというときには、ヒントになるものを得られると思いますけどね。

企業論や組織論には、すぐにも応用できると思います。

甲野先生は、相手の予想を裏切って、意表をつくでしょう。これは状況認識がしっかりしてないとできないことです。

今の企業のトップは、現場に行かないんですよ。報告を聞いて、判断しています。だから、報告する人間が情報をまげて言えば、それを聞いて判断するんだから、すぐだまされます。みんな都合の悪いことは隠しますからね。欧米の経営スタイルが入ってきて、ブルーカラーとホワイトカラーっていうふうに分けて、そうなったんですね。日本はもとは現場主義だったんですから。現場に行けば、社長になるくらいの人間なら、何か起きていたら、おかしいってわかりますよ。今では、日産のゴーンさんは稀《け》有《う》な存在です。

そういう経営者の問題を考える参考になると思いますね。

でもね、私はみんなに、甲野先生のスキルのすごさに感心して欲しかったんじゃないんです。創造性が企業のなかで育ちにくくなっているなかで、甲野先生は、何かわかんないんだけど伝説的な技というのがあって、人間が退化してきたなかで伝説にしかすぎないと思われているなかで、それを自分で体験してみようとしているわけですよね。人間の身体《からだ》のすばらしさにもう一回立ち返ってみようとしてる。

できるかどうかわからない、本当に高い目標に向かって、チャレンジしてるわけです。答えがあるかどうかわからないことを、一生かけてやってるじゃないですか。

そういう考え方とか精神を感じとって欲しかったんですよね。

今の人は、打算的で計算高い。そういうなかでは決して新しいものは生まれない。愚直一徹に一つの思いに向かってとことんやっていく、そういう姿勢のなかから新しいものが生まれてくる。

あったかなかったかわからない技の再現というのは、ものすごく高い目標ですよね。そういう姿を見て勉強して欲しかったんですよ」

結局、分野には関係ないのだろう。思いがけない存在に出会って、驚き、自らのうちに響きあうものを見出してゆくことが、現状を変えてゆく力となる。

そのような存在が、どの分野でも求められているのだ。知識や理論や機械でなく、誰もが所有している一個の身体が示す驚異であればこそ、分野をとわず、その共振は起こり、広がってゆく。身体から、世界は変わってゆく。

今、多くの人々が甲野善紀という人物に注目しているのは、ただその超絶的と見える技に好奇心や憧《あこが》れを感じてというだけのことではない。甲野の身体を通じて、甲野という個人を超えた、「身体」の身震いを感じとっているからである。

それは、それぞれの自らの身体の震えであり、また今日の状況のなかで生きているものたちの共振する震えでもある。

変革は、意志によってではなく、この身体の響きあいから生まれる。

だから、旗振り役はいらない。

甲野も、旗振り役というわけではない。あえて言えば、風に吹かれて、はためいているその旗そのものである。

旗印はどうでもいいのだ。

肝心なのは、その、はためきである。

はためく動きに、胸騒がされ、みずからのうちにも、はためく動きの響応を聞く。それが、出会うということだろう。

そうして響きあう身体から、やがて新たな時代の声が生まれる。

甲野は、そのような変動の震源地たらんとして、連日、各地を飛び回っている。今、群発しつつある波紋との共振の喜びが、甲野の求めているものであり、おそるべき活動力の源でもあるらしい。つまり、出会いを求めているのである。

ナンバで歩くということについて、もう少し具体的に見てみよう。

かつて甲野が主宰していた武術稽古《けいこ》研究会の古くからの会員で、今は半身《はんみ》動作研究会を主宰している中島章夫《なかじまあきお》氏は、武術を稽古する者としての立場から、ナンバについて、「股関節《こかんせつ》と肩の同側が同調していること」と理解している。すなわち、半身ごとに動くということである。

中心に軸を置かない

今日のふつうの歩き方では、右足を一歩踏み出すと、右股関節は前に出るが、骨盤が反時計回りに回転し、右腕は後方に振られて右肩も後方に引かれる。そのとき左腕は前に振られて左肩が前に出ているから、これを股関節と肩との対応関係でみるなら、逆側が同調していることになる。

腰を支点にねじることで、対角線の対応関係が成り立っているわけである。

これに対して、同側の肩と股関節が同調する半身ごとの動きでは、腰が支点とされない。右半身という場合には、右足を一歩前に出すと、右股関節も前に出て、同時に右肩も前に出すということになる。もし、このときに右腕を前に差し出せば、「同側の手足を出す」といわれるナンバの形になるわけである。

中島氏は、このときの体幹部を、両股関節と両肩とを結んだ四辺で囲まれた一枚の板と想定したうえで、それを中心軸で切断した左右を、それぞれに肩と股関節とを結ぶ軸を取り巻く半身とする。

そして「中心軸を『軸』ではなく身体《からだ》を左右に分ける切断線とし、左右の軸を動作の基準とする」のが、ナンバの動きであると理解している。

もし、中心できちんと切断できずに癒着《ゆちやく》していると、半身のつもりで動いていても、術的な効果は期待できない。むしろ不器用な印象になろう。術的な動きができるようになるには、まず半身をひとまとまりとした左右の動きが、きれいに分離しなくてはならない。

そのように動きを分離することを、「身体を割る」という。

ある部分だけを、他の部分に寄りかかることなく動かすことである。左右だけでなく、さまざまなブロックで身体を割って使えなくては、支点のない動きにはならない。癒着しているとは、その部分が、他の部分を蹴《け》ることで動いているということでもあるからだ。

したがって、とくに肩や腰の割れが、重要になる。それができれば、不器用そうな印象のナンバの身体が、信じがたいほどの術的な動きができるように洗練されるのである。

歩き方、走り方も、すっかり変わる。

江戸時代の歩行術

「歩き方ということでも、江戸時代には、現代からは想像できないような人たちがいました。その技術を持つ人たちは、早道《はやみち》、あるいは早足《はやあし》と呼ばれていました。たとえば宮本武蔵《むさし》のいわゆる『五輪書《ごりんのしょ》』には、一日に四十里も五十里も行く者がいると書いてあります。約百六十キロから二百キロですね。

千葉周作《ちばしゅうさく》が書きのこしたなかにも、柏原という早足の門人が大坂から高崎まで三日

飛脚・明治十年代の「横浜写真」より
（写真提供・石黒敬章）

で帰ってきたという話があります。全部で六百キロ、一日二百キロを走りつづけたのです。

さらにこれはとても信じられないような話ですが、仙台藩には、姓はわかりませんが源兵衛《げんべえ》という早足の達人がいて、明六《あけむ》つに江戸を出て、三百数十キロある仙台に、早いときには暮六つまでについたといいます。つまり時速三十キロ。マラソンの記録が四十二・一九五キロを男子で二時間十分ほどですから、その一・五倍くらいの速さで走り通したことになります。

幕末に来日した外国人が馬と馬丁《ばてい》を雇ったら、馬丁が馬といっしょに八十キロぐらい走ってきて、自分が休んでいるあいだに馬の世話をしていたというので、その足の達者さに驚いている記録もあります。それは、仕事で養われた身体の使い方をしていたからできたのでしょうね」

甲野は、江戸の達人たちの消息にじつに詳しく、居合《いあい》の名人が一瞬のうちに抜き差しする刀にアンコ箆《へら》でアンをつけられるかどうかの勝負をして勝った団子屋の親父《おやじ》のエピソードなど、講談のごとく面白い逸話を語り出せば、一晩中でも話しつづけられそうなくらいだ。

それはさておき、その早足などと呼ばれた人たちは、いったい、どのような姿で走っていたのだろうか。気になるところだ。

幕末の京都に、「神足歩行術」という術を教えていた矢野守祐という人物がいた。号は「千里」、近江《おうみ》国坂田郡（現在の滋賀県坂田郡）の出身という。

その矢野に教えを受けた一人が、竹川竹斎《たけがわちくさい》である。

竹川家は、今日の三重県松阪市射和《いざわ》町を本拠に、江戸や大坂の支店で幕府御用両替商をつとめていた豪商だった。

あるとき、江戸の支店に急いで届けたい手紙があったので、飛脚を頼んだが、特別に急いで三日で届けましょうと言われ、竹斎は、だったら俺のほうが早いと、三日で

竹川竹斎（射和文庫所蔵）

行って帰ってきたという。江戸で勝海《かっかい》舟《しゅう》の家に寄ったが留守だったと、残念がって語ったそうだ。竹斎は、若き日の勝海舟の後援者でもあった。

射和は、もとは伊勢《いせ》白粉《おしろい》の産地として栄えたが、原料である水銀の産出量が減少したのにともない生産が減り、それにもかかわらず年貢《ねんぐ》は高いままだったため、村は疲弊していた。竹斎は、村を振興すべく、私費をなげうって開発を行い、桑茶の栽培、陶芸の創始などの事業に尽力したが、幕末維新期の激変する状況に翻弄《ほんろう》され、失敗に終わる。村の後進の教育に役立てるため、書物一万巻、古書画、古物を集めて作った射和文庫は、今に伝えられている。

その竹斎の『反故帳《ほごちょう》』に、神足歩行術の免許皆伝書が残されているそうだ。神足歩行術の内容については、海野弘《うんのひろし》『江戸ふしぎ草子』（河出書房新社）にわかりやすく書かれているので、それを元に要約させてもらおう。

その要《かなめ》は、「臍納《ほぞおさ》め」といって、気を丹田《たんでん》に集めて、首筋や腹、足の先までの凝《こ》りを解くことにあるという。そして、腰の間をゆるめ（「大ゆるみ」）、股《また》や膝《ひざ》をゆるめ

（「小きざみ」）、足の先をゆるめる（「車さばき」）。こうして全身をゆるめながら、ゆっくりと一里ほど歩いてから、速歩に移る。腰の回りをなめらかにする「腰千鳥」や、脚の回りをなめらかにする「千鳥車」といった技法があり、また砂道、向かい風、上り坂、下り坂と、それぞれの歩き方があるという。

かけ声も大切らしく、ササザザ、オイトショと言いながら平地を歩き、登りのときはマダマダマダマダと言うそうだ。

歩行のための秘薬の製法、歩き終えたあとの、洗い水、入浴の温度、食事の量などについても伝えられているという。

竹斎には、歩行術の門人が二十八人おり、なかには近くの大名から習得を命じられて派遣されてきた武士もいたという。

だが、その習得はそう簡単ではなかったのかもしれない。

大正時代に陸上競技で活躍した野口源三郎の「東西の歩行術較《くら》べ」（『文藝春秋』昭和十三年十一月号）というエッセイに、これと同種とおぼしき歩行術の最後について紹介されているからである。

それによると、明治三十四年頃、嘉納治五郎《かのうじごろう》が、当時ただ一人残っていた「神授錬体歩行術」の師範、佐藤春治を京都から東京に呼んで、有志の者たちに受講させたという。

だが、佐藤はそのときすでに七十歳で、ついに後継者を得ることなく世を去ったので、その術を伝える者はもはやいないというのである。さいわい野口は、佐藤から教わったという東京高等師範学校の国漢文の教授、日下部《くさかべ》重太郎から、その内容を聞いて、簡単に紹介している。

それはやはり「臍納め」に始まる。座禅よりややゆったりとした姿勢で坐《すわ》り、十数回の呼吸法を行うことで、「一つには腹力を増し、身体の重心を腹部に置くことに依《よ》つて両足の捌《さば》きが敏捷《びんしょう》になる。二つには腹力と共に心臓肺臓が強壮になりこれに依つて息切れがしない。三つは腸胃が強壮になり消化がよくなる」という効果があるとされた。

歩法には二つあり、一つは「真秀足《まほあし》」といって、膝を伸ばして正々堂々と大股に歩くもの。

もう一つが肝心の「神速歩」で、膝をわずかに曲げたままで、上体を少し前に傾け、中股に歩く。身体が上下動しないので疲れないという。足裏は平らにつけ、なるべく足を軽く下ろして、より多く足先の方で支える気味がよいとされる。掛け声や呼吸法もいろいろあるという。

これを習得して、まず東京・鎌倉間を日帰りできれば一人前の歩行家とみなされた。次の課題は、日光までその日のうちに着くことだったという。ただし、強行軍で行くだけで次の日は疲れて休むというようなことでは駄目だとされた。

野口は、これを競歩に生かせないかと考えたが、膝が曲がっていること、足裏を平らにつけること、身体を前傾していること、などが反則とされるので、無理だという。念のため規則を確認してみると、そうした条件は書いてなかったので、国際競技連盟に問い合わせたところ、「膝を伸ばすことは競歩の常識である」という素気ない返事がきたという。いずれ「日本でも此《こ》の種のエキスパートが出て、実力を以《も》って国際陸連に規則の改正を提案し承認させればよいわけである」と、野口は今後に期待していたが、あいにくその歩行術そのものが絶えてしまったのだから、いかんともしがたい。

この歩行術は、内容からみて、竹斎の学んだものと近そうな気がするが、それとはまた別の歩行術が、やはり京都に伝えられていた。

明和九年に出版された「不及先生千里善走傳」（『雑芸叢書《そうしよ》』所収）によって知られるもので、そこには「千里運歩之《の》法」を伝えた不及先生の弟子、岡伯敬という人物によって師の教えの要点が記されている。

その歩法の要は、「三つ足運歩之法」にある。それは、真《しん》、行《ぎよう》、草《そう》の三種類の歩き方からなる。

真は、五分五分に運歩する歩き方。

行は、四分六歩に運歩する歩き方。

草は、ふつうに人が歩いているような歩き方。

わかりにくいのは行の歩法で、左足を六歩に運び、右足を四歩に運ぶと、とても歩きやすいのだという。「歩」でなく「分」の字があてられていたりもするので、歩数ではなく、四分六分の配分ということだと思われるがそれが何の割合なのかは判然としない。律儀《りちぎ》に四歩六歩で歩くと、人から奇妙に見られるので、そう見えないように四歩六歩に運歩するといいそうだ。この歩き方だと、肩衣《かたぎぬ》や袴《はかま》をつけていても、気にせずに歩けるという。

いったい四歩六歩で歩くとは、どのような歩き方なのか、よくわからないが、では真の五分五分の歩き方は、ふつうの歩法だという草の歩法とどう違うのか、ということもよくわからない。

とにかく、この三種類の歩法を、使い分けながら歩けば、山道も平気で、まず右六歩左四歩で十間行き、次に左六歩右四歩に切り替え、次に脊椎《せきつい》をまっすぐ立てて腰で歩き、次には真の歩法で歩くというふうに、次々と切り替えていけば、足がだるくなることはないという。

下り坂も同様だが、全体に腰をすえて歩くべしとされる。ただ別に秘訣《ひけつ》もあって、両手を上げる心持で肩を使って、すなわち肩を振って軽足で進むこと十間、次には肩と腰をすえて十間。次には脚の底に意をおろして軽く歩くこと十間。次には手を振って十間、というふうに順繰りに心持ちを変え、運歩を変えながら行くといいという。

それと同様な秘訣が、「七体之法」と呼ばれている。

まず、頭を以て運歩する。すなわち、頭上に心を置き、頭を前に進む心にて歩く。

二に、胸を以て運歩する。すなわち、頭を控えて、胸を前に突き出す心持ちで歩く。

三に、真の歩法にて腰をすえて運歩する。

四に、右の六歩。

五に、左の六歩。

六に、右の手を用いて歩く。すなわち、右手をおもに振って歩く。

七に、左の手を用いて歩く。すなわち、左手をおもに振って歩く。

これらを順繰りに変えながら歩くということだが、なかに下り坂のところにもあった「手を振る（原文では『掉《ふ》る』）」歩き方があるのが面白い。ふつうは振らなかったからこその記述かと思う。

これらの歩法を状況に応じて順繰りに使ってゆくと、花を見たり、鳥の声を聞いたりしても、心を七体に置き、脚の底に心を下せば、見るもの聴くものが我がものとなって、歩く邪魔にならないという。がむしゃらな運動ではなく、風景を味わいながら、ゆったりした心もちで行けるということだろうか。

実際のところは、これらの歩法の子細は、師からの口伝でなければ伝えられないとされ、また極意とおぼしき「千里善走之法」も「至て秘密なり」とされている。それをマスターすれば、従来の倍は歩け、健行なる人は四十里を一日で行けるというのだが、この書を読むだけでは、最初の四歩六歩からして、よくわからない。もしかしたら客寄せの出版物だったのではないかという疑いもないではないが、身体技法の伝授では、文章で伝えられないのが当然だろうという気もする。いずれにせよ、こうした記録が残されたことはありがたい。

この歩法にしても、竹斎の学んだ「神足歩行術」にしても、筋力を鍛えるという発想がまったくみられないことに注目すべきだろう。足腰を柔らかく使う工夫や、意識の置き場所を変えるなどの感覚的な工夫が中心となっているのである。

ナンバ的な動きがわかってくれれば、これらの歩行術の実態も、もう少し理解されるようになるかもしれない。

昔の日本人はナンバ歩きだったか

ナンバ・ブームの火付け役となったことが気がかりなのか、甲野は最近よく、「江戸時代の人々がナンバで歩いていた、というのは間違いです」と言うようになった。「演劇評論家の大矢芳弘《よしひろ》氏にご教示いただいた資料で、嘉永《かえい》七（一八五四）年に名古屋西川流の祖、初代西川鯉三郎《こいさぶろう》がまとめた『妓楽踏舞譜《ぎがくとうぶふ》』という舞踊譜があるのですが、そのなかの『六法《ろっぽう》の部』に『難波《ナニ(ン)バ》』について、『此振ハ、手足一ツニフル也。スベテ謀反人《ムホンニン》ガ見顕《ミアラハシ》ニ成テ後、用ヒテヨシ。コレヲ位《クラヒ》六法ト云《イフ》』とあります（丸茂祐佳《まるもゆうか》『おどりの譜』国書刊行会）。つまり、ナンバとは、同側の手と足とを同時に出すような動きであり、悪事がバレてしまった人が大仰に暴れ回るときというきわめて特殊な場合の振りであったということがわかります。

ですから、『昔の日本人はナンバ歩きだった』とか『江戸時代の人は右手と右足とを同時に出して歩いていた』などというのは、間違いだということです。

第一、日常の歩き方に、特別な呼び名などはなかったはずなんです。

職人が片袖《かたそで》を、袖のなかから蛇が鎌首《かまくび》を持ち上げているような格好でつまんであげて歩くのを『弥蔵《やぞう》をきめる』と言うなど、独特な格好で歩くことをさす言葉はありましたが、現代の私たちが自分たちのふだんの歩き方を『〇〇歩き』と名前をつけて呼んだりはしないように、当時もふつうの歩き方に名称などはなかったはずです。

また、ふつうに歩くといっても、江戸時代には職業ごとの歩き方がありました。

商人では、番頭なら前掛けの下に両手を入れて、あるいは前に物を持って歩きますし、大工などは、だいたい道具箱などをかついで歩きます。

武士でしたら、すぐに刀を抜かなくてはならないという状況下にあって、手はつねに腰に沿うようにしていなくてはならなかったはずです。腰と手とが互い違いになっていては、とっさに刀が抜けませんから、そんな歩き方は、武士であれば絶対に嫌うわけです。手は、いつでも刀を抜きやすい位置に置いておきたかったはずです。

このように、歩くといってもいろいろな姿勢があったのですが、それらに共通するのは、今日のように手を振って歩くということがなかったということです。

強いて振るとしたら、同側の手足が出るようになったでしょうが、それは『大手を振って歩く』とか『肩で風切る』というような、ヤクザ風といいますか、まさに謀反人が正体を見破られて開き直って去って行くときにふさわしいような、特殊な歩き方だったのです。

今では、手に何も持っていない時に手を振らないで歩いている人はまったく、と言っていいほど見かけませんが、以前にNHKで放送された『映像の世紀』という番組のなかに、明治三十年代の京都の街頭の風景があり、道を行く人たちのなかに、手に何も持っていなくても、ほとんど手を振っていない人がいました。

また元青森県史編さん民俗担当の小山隆秀《おやまたかひで》さんに教わったことですが、幕末の安政二（一八五五）年に弘前《ひろさき》藩士の平尾魯仙《ひらおろせん》が函館《はこだて》で欧米人を見たときの印象を『洋夷茗話《ようい めい わ》』という記録に残していて、それには、欧米人の上官らしき者たちは『揺々擺々《ノッサノッサ》』という動作で、足並みをそろえて歩き、よく調練されているようだが、下部の者たちは足並みも速く乱れていると書かれています。『擺《ハイ》』とは『振ること』で、揺れることと振ることが、その藩士には特徴的に見えたのでしょう。

このような例からも、江戸時代の人々が今日とは違う歩き方をしていたことは確かなのですが、それが『ナンバ歩き』と呼ばれることはありませんでした」

つまりは、用語としての問題である。

江戸時代の歩き方

職人が「弥蔵《やぞう》をきめる」場合

左手の袖の中の手は蛇が鎌首を持ち上げるようにしている

反対側から見た写真

商人

番頭

前掛けの下に手を入れている

あるいは前にものを持っている
ことも多かったと思われる

丁稚

両手を前に添えている

大工

大工の道具箱は15キロほど
だったといわれている

武士

手はいつでも刀が抜きやすい位置に

肩で風切る「ヤクザ風」

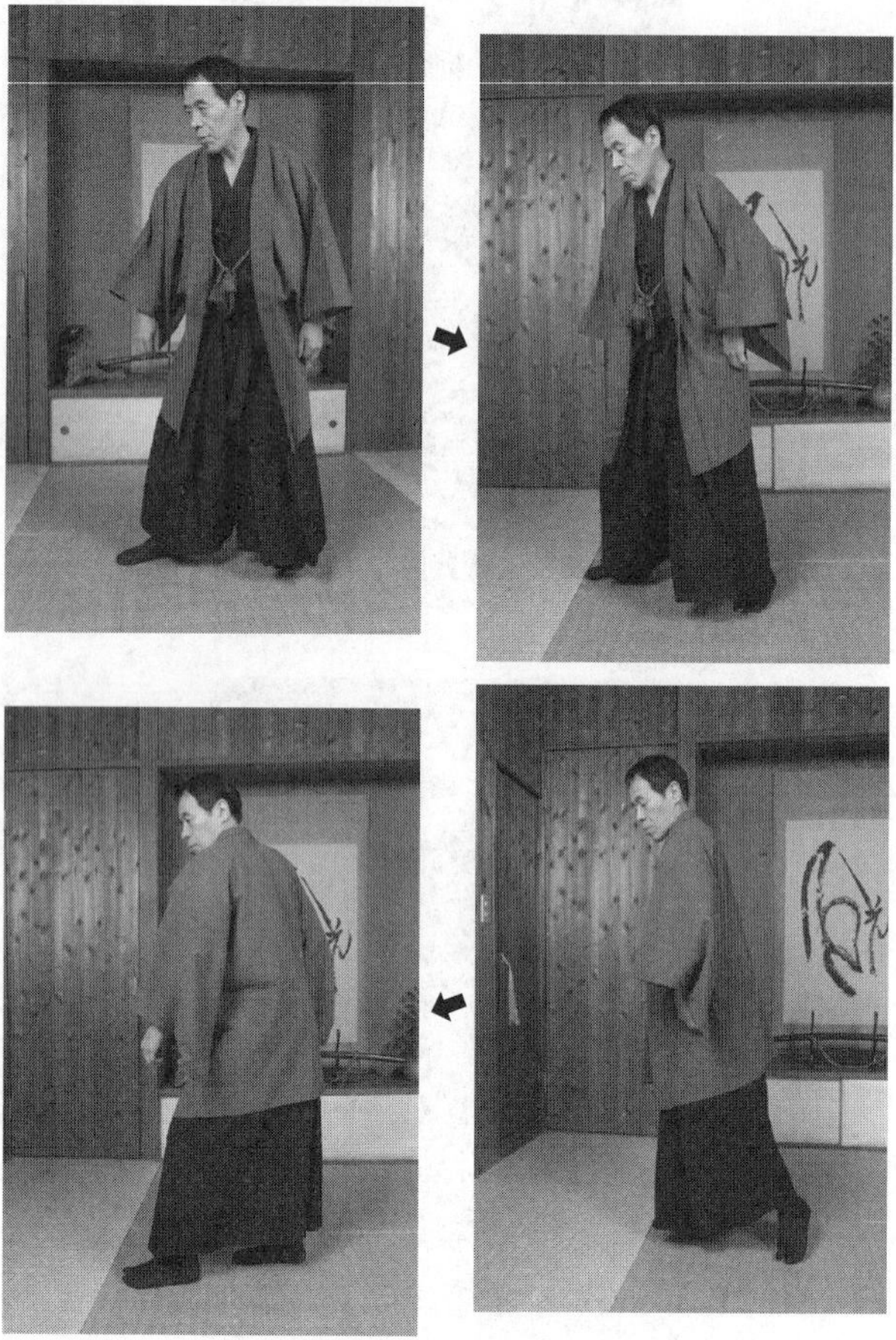

武智《たけち》鉄二《てつじ》のナンバ論

もとは特殊な動きを指した言葉を、昔の日本人の日常の歩法を指す言葉として用いるようになったのは、武智歌舞伎《かぶき》などで有名だった芸能研究家で演出家の武智鉄二からのことと思われる。

武智鉄二は、最近よく歴史社会学などで取り上げられるようになった近代日本における身体の規律化を、すでに昭和三十年代に問題化していた先駆者だった。伝統芸能を支える身体や感性の変質という現実に直面していたがゆえの発見だったのだろう。

武智は、その著『伝統と断絶』（風濤社《ふうとうしゃ》）のなかで、明治時代の身体の近代化教育の発端について、明治十年の西南の役での苦戦をあげている。

徴兵令で集めた鎮台兵《ちんだいへい》が薩摩《さつま》兵に斬《き》られてばかりで使いものにならず、元武士階級の部隊を送りこむことでようやく勝利したことが、富国強兵政策を進めていた政府を不安にさせた。そこで、明治十二年の上毛大演習において「鎮台兵の体質を近代軍隊むきに改良するため」のデータをとったところ、集団移動が出来ない、行進が出来ない、駆け足が出来ない、突撃が出来ない、方向転換が出来ない、匍匐《ほふく》前進が出来ない、という、近代戦のためには致命的な欠陥が発見された。

この欠陥を克服するため、政府は、学校教育に兵式体操を取り入れ、また日本の伝統的なリズムでは集団行進が出来ないので、「集団移動の基本原理」となる「四拍子に関する常識をあたえ、マーチのリズム感を身につけさせるために、西洋風音楽の常識を唱歌を通して教え込」んだのだという。

この経緯については、武智の論とは逆に、西南戦争での鎮台兵の働きが非常に高く評価されて、徴兵制がより推進され、学校教育にも積極的に体操が取り入れられたと論じられることも多いようだが、いずれにせよ、西南戦争を契機として、一般人を近代軍隊の兵士とすべく身体教育が進められていったことは間違いない。

その近代の身体教育によって改造される以前の日本人の歩き方を、武智は、農耕を主とする生活を送ってきたなかで培われたものとみて、ナンバと呼んだ。

すなわち、鍬《くわ》をふるったりするときの「農耕生産のための全身労働においてとられる姿勢で、右手が前に出るときは右足が前に、左手が前に出るときは左足が前という形」からの命名である。

ただし、昔の日本人がそのように腕を振って歩いていたというわけではなく、半身《はんみ》ごとに入れ替えるようにしていたのだが、それを「農耕生産における半身の姿勢（たとえば鍬をふりあげた形を連想してみるとよい）が、そのまま、歩行の体様に移しかえられ」たものとみたのである。

つまり、日常の歩法のうちに、水田耕作という「原初生産性」に由来する動きの原型を透視し、その原型にちなんで、ナンバと名づけたのである。

ところが武智は、みずからしたその操作を忘れたかのように、「右足が前に出る時は、右手が前に出るという言い方は、ナンバの説明によく用いられる方法だが、正しくは右半身が前に出るといったほうがよい」と、手を振らない形が本来のナンバであるかのようにまで言ってしまう。

こうして、同側の手足を出す特殊な振りを指していた用語が、日本人の日常の歩法を指す用語へと転用され、そこからさらに半身ごとの動きを指すようにも転換されてゆく。

この武智のナンバ論から、「昔の日本人はナンバ歩きをしていた」という言い方が出てきたわけだが、以上のような三つの意味の転用過程を曖昧《あいまい》にしたまま、「強いて振るなら足と同側の手が出るような、半身ごとの歩き方」として了解されてきたわけである。

そのことが今日、ともすればナンバをめぐる議論に混乱を招く原因ともなっているようだが、ナンバという言葉を武智の作った歴史用語だと理解すれば、「かつての日本人はナンバ歩きだった」という言い方は、間違いではない。甲野の言うように日常の歩き方には特別な用語などあるはずがなく、したがって武智が、近代以来の富国強兵策のもとで矯正される以前の身体の在りようを名づけて可視化した功績は、きわめて大きいと思う。

日本人がナンバ歩きだったというのは間違いだという甲野も、しぶしぶながら、「間違いでも、いったん普及してしまうと、もう仕方ないですね。私としては、抵抗があるのですが、他には適当な言葉がありませんから、いわゆるナンバというふうにして使っています」と、みずからもその使い方をすることに落ち着いている。

この武智の論をベースとした今日のナンバ観からみて面白いのは、昭和十六年に書かれた演劇評論家、蘆原英了《あしはらえいりよう》の論である。

蘆原英了は、「ナンバン」（『舞踊と身体』新宿書房刊 所収）という論において、日本舞踊で忌《い》み嫌われている「ナンバン」、すなわち同側の手足が同時に出るような姿勢が、洋の東西をとわず見られることに注目した。

歌舞伎の弁慶の飛六法《とびろっぽう》、舞楽の足運び。古代ギリシアの壺絵《つぼえ》やレリーフに見られる、

ギリシアの壺に描かれた絵
先頭の男の走り方がナンバンになっている
(『舞踊と身体』 蘆原英了著 新宿書房刊より)

飛六法
丹前六法を振って橋がかりを練り出した初代市川團十郎
(『役者絵尽し』〈元禄頃〉古山師重画)

同側の手足を出して走る人物。バレエ、フェンシング、槍《やり》投げ、砲丸投げ。

こうした事例を収集し、分析した蘆原は、それらが「力の入った動き」の姿態であることを指摘したうえで、歌舞伎で「飛六法」などが形のうえからは明らかに「ナンバン」でありながら「ナンバン」とは呼ばれないことから、「特に力の入る動きをする場合でないのに、同側の手足を同時に同方向に動かすのを、とりたててナンバンと言う」のだと考え、「すなわち、日常的な動きをする場合に同側の手足を同時に同方向に動かすのを忌み嫌ってナンバンというものらしい」と、結論づけた。

そして、西洋のダンスやバレエではナンバンが多用されて力強さや活発さを生み出しているのに対して、日本舞踊はそれを嫌っているがために不活発なのだとして、「将来の日本舞踊の振付家はこのナンバンの動きに注目しなければならないと思う」と主張する。

武智がナンバを日常性の用語に転用したのとは逆に、蘆原は、日本の芸能に欠けている動き、西洋に多く見られる動きとして注目していたのである。

ちなみに、花柳《はなやぎ》千代『実技　日本舞踊の基礎』（東京書籍刊）を見ると、「なんば」と「なんばん」は別の所作にされており、「基本練習では、右足が出たときに右半身が出ることを、なんばんと呼び、右足、右手が出たときを、なんばと呼んでいる」とあ

なんば・なんばん

なんば　＊手足が同じ方に出る

左足を上げたとき、左手が出る

右足を上げたとき、右手が出る

なんばん　＊手、足、肩が同じ方に出る

左足を出したとき、左手、左肩も出る

右足を出したとき、右手、右肩も出る

（『実技　日本舞踊の基礎』花柳千代著　東京書籍刊より）

る。そして「荒事《あらごと》ふうの踊りに多く、力強い振りを見せるとき、なんばんの動きになることが多い。また、荒事は、幼い心を忘れないで踊るのがコツといわれる」とある。

同側の手足が出るような動きは、たしかに幼さや、単純さ、それゆえの暴力性といったものを感じさせるような気もする。

蘆原によれば、音楽についても、日本は弱拍《じゃくはく》（裏間《うらま》）から入る二拍子を原則としたが、西洋風に強拍から入るのをナンバンと呼んで、幼稚な拍子取りとして、特殊な場合以外は使うことを忌んだとある。

おそらく、芸能用語としてのナンバ、ナンバンという言葉の本来の語義からすれば、用法にかぎっては、蘆原の論じ方のほうが正しいのだろう。

だが、足にあわせて手を振り出す動作をさした言葉を、手を振らない動きへと大胆に転用した武智の射程のほうが、身体の多層性や歴史性に届く深さをもち、前近代の身体に独自の価値を見出《みいだ》させるものだった。それゆえに、武智の用法が流布《るふ》したのだと思う。

ただし甲野は、武智の議論の観念性に対して批判的である。

「『伝統と断絶』には、間違いが多いですよ。たとえば、俳優の木村功《きむらいさお》の歩き具合が後ろから見ると足裏が全部見えるという例などをあげて、日本人は『爪先《つまさき》で土を蹴《け》ることによって、足を前に押し出すという風習がある』と書いていますが、それはもう、まったく勘違いです。観念が先行して、一部の人間の動きを強引に自説の証明に使おうとしています」

武智は、日本人は腕を振らないで歩いていたので、腕の振りによる反動力が利用できず、「その代わりに、土を蹴る歩行様式がとられるようになったのである」と論じた。

日本人の動きが反動を使わないものであったとしながら、それならば足で蹴らなければ歩けるはずがないと思いこんだわけである。

甲野はそれを、武智が「農耕民族ゆえの『土地に密着』した動き」という観念にとらわれていたための誤りだったという。前傾していけば、土を蹴らなくても歩けるからである。

一般にも、とくに民俗学で顕著なことだが、民俗芸能の歩行などの地を踏む動作に、地霊を鎮魂する古代呪術《じゅじゅつ》的観念を読み解くような論は多い。それは間違いではないにしても、えてして先に用意された観念を事例にあてはめているだけに見える。そこに感覚的な裏打ちを、などと言っては、論文と認められなくなってしまうのかもしれないが、具体的な感覚体験を通じての理解を捨ててしまうと、ただの組み合わせパズルになりかねない。歴史学、民俗学、文化人類学などの分野にとっても、前近代の人々の今日とは異質な身体の動きやその感覚を体験的に知っておくことは重要だと思う。論文のためでなく、自分が理解したいという欲求から研究するのであれば、みずからの体験や感覚を欠落させて論ずることはできないはずだろう。

観念的な文化論の危うさ

観念にとらわれた理解は、ともすれば安易な分類やネーミングをうながす。甲野は、とくに日本人論には、観念的な身体のとらえ方がよく見られるのではないかという。

「よく、日本人はノコギリを引いて使い、欧米では押して使うということを、日本人の身体は縮むことに向いた緊縮型で引くのが得意だからであるなどと、日本人論的な説明をされることがありますが、これも武智説によく似た間違いだと思います。

ノコギリは、引くのと押すのとでは、絶対に引くほうが合理的なのです。

ノコギリのような薄い板は、引けば真《ま》っ直《す》ぐになりますが、押せばどうしてもたわみます。ですから、引くなら薄くできますが、欧米のような押して使うノコギリでは、あるていど厚くして、先が細くて根元が太い、ぶきっちょな格好にせざるをえません。それだと、材料を多く削って無駄が出ます。

ですからノコギリの場合は、絶対に引いた方が合理的。それは構造的なことで、身体の向き不向き以前の精度を求めた必然的結果だと私は思います。

ただ、たしかに、鉋《かんな》をかけるときも、日本では引き、欧米では押しますし、引き戸も、欧米には少なく、たいてい蝶番《ちょうつがい》をつけたドアです。そういう例からいって、身体の使い方の習慣性の違いはあるでしょうね。しかし、たとえばマッチでは、この押し引きが逆になります。欧米ではマッチを手前に擦《す》って点《つ》けますが、日本人は基本的に向こうに押し出して点ける。

小さいもの、細かいものだと、逆になるのです。

包丁も、欧米では空中に浮かして引いて切りますが、日本では菜切りなどの場合、基本的には押し切りです。トントントンというのは、どちらかと言えば押し切り。

また、力が入るものも、逆になります。

鉄などの金属を切るカナキリノコは、日本でも押すように使います。ヤスリかけも、引かないですね。その理由は、押した方が体重を乗せやすいからで、これはアメリカでも同じです。

センもそうですね。センというのは、よく鍛冶屋《かじや》が鉄を削る取っ手つきの鉋で、桶《おけ》屋《や》でも使う道具です。桶は引いても削りますが、鍛冶屋が削る場合のセンは押して使います。力をグウッと入れる場合は、やっぱり引くより押すほうが力が入って合理的なのです。

人力車も、言葉の上では引くと言っていますが、梶棒《かじぼう》を持って前に押していますから、実際には引いているわけではありません。

やはり、力の要るものは、日本でも押して使うわけです。

しかし、抵抗が少ないものであれば、引いた方が微調整ができます。ノコギリは、やっぱり引いた方が絶対に使いやすい。

ですから欧米人でも、日本に来て日本の大工道具を使ったことのある木工好きの人は、ノコギリは日本のものが便利だと言って、帰国してからも、それを使っている人が多いそうです。

このように日本には、合理的に洗練されてきた道具の使い方があり、押すものも引くものもありました。それを一部の事例だけをみて、『引く文化と押す文化』というふうに観念的な文化論にしてしまっては、やはり身体そのものをとらえそこなってしまいます」

しばしばマスコミや社会系の学問は、でっちあげてでも、社会現象をくりだしてラベル張りをしたがる。最近とくに多いのは心理学的なラベルである。すべて商品化するための操作だが、身体を通じての体験があれば、そのことの軽薄さ、うそ寒さは、いやでも感じざるをえない。だが、感覚を捨象《しゃしょう》した思考になれてしまうと、自分でもそのラベルを使って身近な出来事を解釈しはじめてしまう。そうなれば、それはもう現実となってしまうだろう。

ともすれば、それが「伝統」とされたりもする。

こうした観念の罠《わな》を破るのは、身体を通じて鍛えられた、つまり感覚に問うた論理である。

甲野が、歩行法について人に語ろうとするのは、誰もがなんとなく、人はこういう歩き方をするものだと思い込んでいる現実に、風穴をあけようとしてのことである。それが観念にすぎないということに気づけば、そのうえに築かれた現実も変わる。

したがって、甲野自身の歩き方についても、それがもっとも正しい歩き方だと言わないことはもちろん、かつての日本人が甲野のような歩き方をしていたに違いないなど主張しているわけでもない。

実際、かつての日本人がどのように歩いたものか、推測はできるが、たしかなことは誰も確かめようがないのである。

日本人の歩き方

「昔の履物に、『足半《あしなか》』というものがあります。わらじに似ていますが、長さが土踏まずのところまでしかなく、踵《かかと》が外に出てしまうものです。そのような履物が使われたのは、踵を地面につけないような歩き方をしていたからかもしれません。

これも、小山隆秀氏にご教示いただいたことですが、青森県下北郡佐井村長後字《あざ》福浦に伝わる福浦歌舞伎《かぶき》の『義経千本桜《よしつねせんぼんざくら》』のなかで、義経に注進する亀井《かめい》六郎を演ずる若者は、櫂《かい》を肩に担《かつ》ぎ片手に笠《かさ》を持って、前のめりになって、まるで泳ぐようにして、両足を後方へと蹴りあげながら走るように舞台中央へと進んでいく動作を繰り返すそうです。

弘前市で生まれ育った小山氏の祖父母は、猛スピードで走ることを『ボノゴ（盆の窪《くぼ》、後頭部）さ、アグド（かかと）がつくように走る』と表現したといい、この村歌舞伎の動きに通じるようだと小山氏は指摘しています。

また、青森県南津軽郡田舎館《いなかだて》村垂柳《たれやなぎ》集落で発見された弥生《やよい》時代中・後期の水田跡に、二十歳前後の身長百五十五センチくらいの成人男子の足跡が残されており、青森県立郷土館にあるそのレプリカを見た小山氏によれば、サイズは二十二、三センチくらいで、両足の母指丘部分のみが異様に土中にめり込んでおり、泥田のなかで両足親指部分に体重をかけてつま立っていただろうことが類推できるといいます。

ラフカディオ・ハーンは『神々の国の首都』のなかで、盆踊りを観《み》てその不思議な雰囲気に感動していますが、そのときの足の動きについて『滑るがごとくで草履が地面から離れることがない』と書いています。その一方で、日常の歩行についてには『人々は皆がみな爪先《つまさき》で歩いている』といい、『歩くときにはいつもまず第一に足指に重心が乗る。実際、下駄を用いる場合にはそれより他に方法がない。なぜなら、踵は下駄にも地面にもつかないから。真横から見ると楔形《くさびがた》に先細りした下駄に乗って足は前のめりになって前進する』と記しているのです（平川祐弘編　講談社学術文庫）。

宮本武蔵は、いわゆる『五輪書』で、『足のはこびやうの事、つまさきをすこしうけてきびすをつよくふむべし』つまりつま先を少し浮かすようにして踵を強く踏みな

動物の踵と足跡

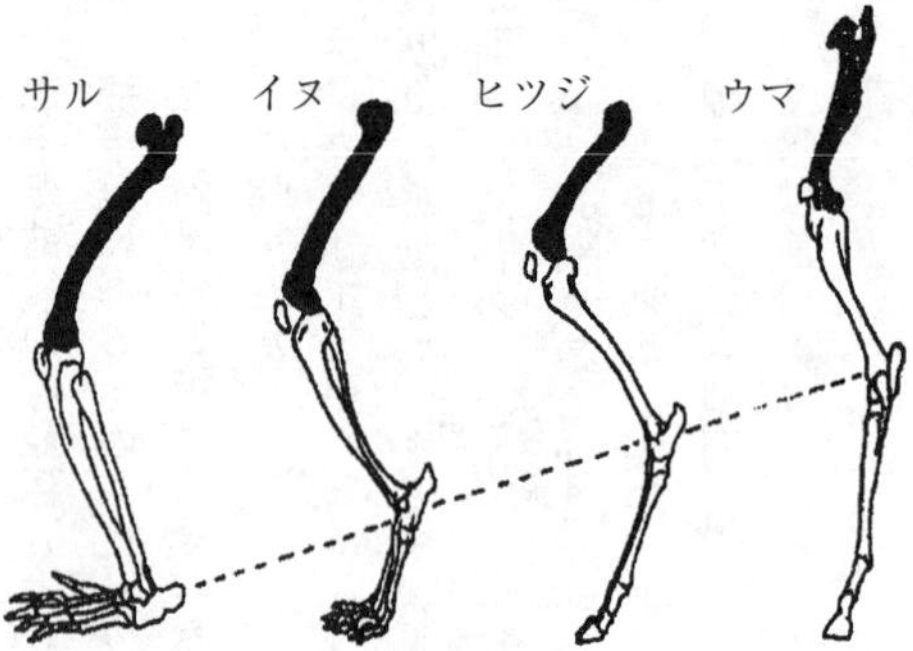

ほとんどの動物は骨格的につま先立ち。
踵をつけて歩くのは人間くらいです
(Kardong,1998)

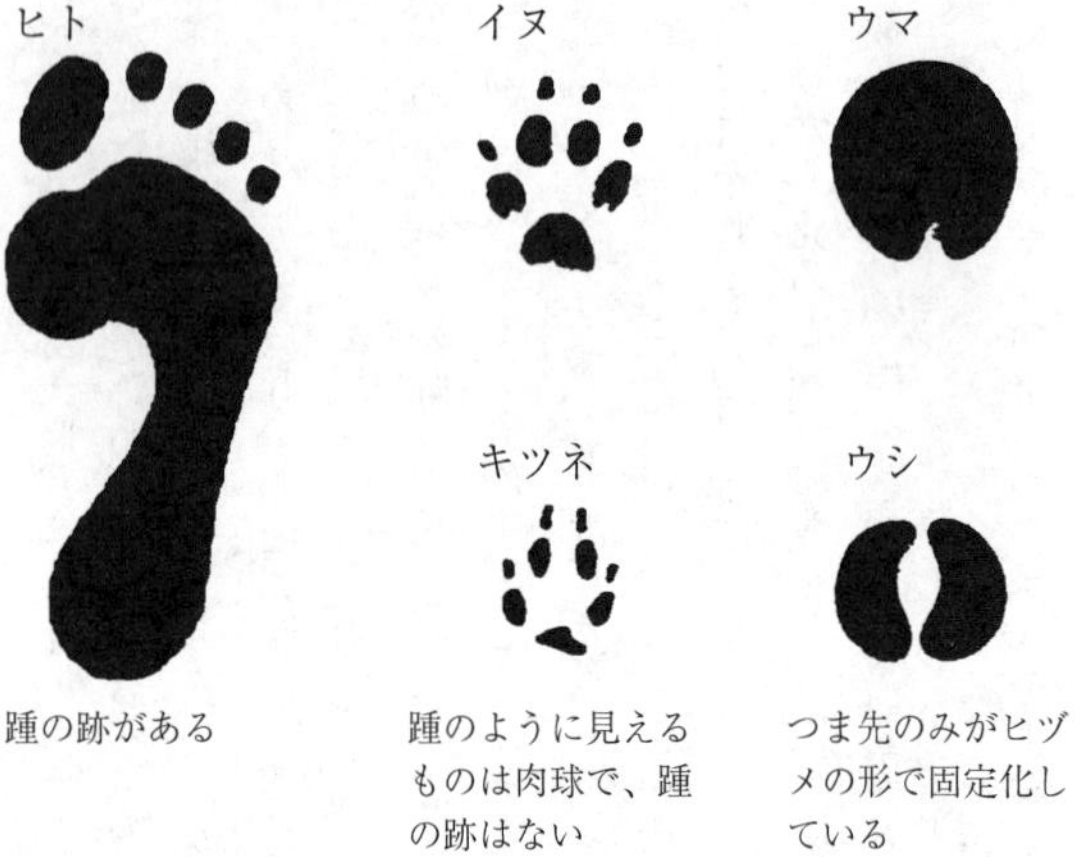

踵の跡がある
踵のように見えるものは肉球で、踵の跡はない
つま先のみがヒヅメの形で固定化している

足跡にはっきりとそれが表れます

さいと書いていますが、わざわざそういうことを言ったのは、やはり踵をつけない歩き方が、かなり一般化していたからなのかもしれません。犬や馬など、ほとんどの動物は骨格的にはつま立っていて、踵をつけて歩くのは人間ぐらいです。

小山氏は、まだ論証はできないとしてですが、踵をつけて歩くことは武技や芸能を司《つかさど》る特殊な階層が用いた専門技法だったのではないかという推測をされています。幕末に、現代剣道のベースとなった北辰一刀流《ほくしんいっとうりゅう》などの『しない打ち込み剣術』が、武士階級以外の人々をも巻き込んで大流行しますが、その人気の一因は、庶民のしていたつま先立ちを取り入れたことにあったのではないか、というのも小山氏の説です」

小山隆秀氏は、卜傳《ぼくでん》流剣術の継承者で、幼い頃から、家伝の剣術と現代剣道とを併習してきたことから、両者の足遣いの違いについてずっと疑問を感じてきたといい、剣技の足遣いの歴史的変遷《へんせん》についての論文（「身体技術伝承の近代化」『青森県の民俗第三号）も書いている。

近世の流派剣術が、今日の古流剣術と現代剣道という、たがいに理解不能なジャンルとなるまでに分離してきた過程を、具体的な身体技法に即しつつ実証的に論じたもので、その分離が民俗芸能の伝承にも共通することの指摘など、今日の「伝統」や「伝承」の再考をうながす、たんに武術史という枠におさまらない意味をもった論文である。

歩き方はもちろんのこと、こうしたさまざまな身体技法の研究は、これまでの「伝統」観を、いずれ大きく変えるかもしれない。「伝統」として尊重されるべき、もっとも重要なものは、様式や意匠ではないのではないか。歴史民俗学がはたしうる重要な課題のように思う。

「結局、昔の日本人の歩き方といっても、いろいろな歩き方があったと考えたほうがいいのでしょうね。

ただ、はっきり言えることは、明治以前の日本では、現代の西洋式な走り方、歩き方をしてはいなかったということです。

武智鉄二はナンバを農耕に結びつけて考えていましたが、たしかにナンバは仕事のための動きです。

ただし農耕にかぎるものではありません。鍬《くわ》で畑を耕すとき右手が前のときは右足が前になるように、ノコギリで板などを切るときは、左手が前のときが多く、この時は左足が前になります。

これを逆にして使うと、鍬でもノコギリでもものすごくやりにくいものです。ナンバは、そういう作業のための動きなのです。

もっとも昔は、健康や気晴らしのための運動などということをわざわざしたりはしませんでした。散歩さえもしない。強いて言えば舞や踊りで、あとは、仕事のためにしか身体《からだ》を使わなかったのですから、仕事のための特殊な動きはそのまま、日常の動きでもあったでしょう。

ですから、つねに腕は体幹の側にあったわけです。すぐに動けるような状況であろうとすれば、手が浮いていてはまずい。武士であれば、パッと柄《つか》に手をかけられる状況でなくてはなりませんし、武士でなくても、仕事をしていた動きから、そのまま歩いていた、仕事歩きだったのです。

そこが今日の仕事と切り離された歩き方とは大きく違うところだと思います」

江戸時代には、向こうから歩いてくる人の姿を見れば、その職業がだいたいわかったという。身分制度のもと、身なりにそれに対応した決まりがあったためでもあろうが、身体つきや身振りに、日々の労働が刻印されていたということでもあろう。当然、歩き方にも、バリエーションがあったはずだ。

ただ、近代以後の動きとの対比から、共通する特徴をいえば、「ナンバ」ということになるわけである。

ナンバが仕事に即した動きの特徴であったとすれば、そこにはかつての仕事観の反映を見ることもできるだろう。

当たり前ながら、昔の日本人がナンバで歩いたといっても、みなが支点のない動きで動いていたというわけではない。物理的には筋肉や関節の構造があるのだから、おのずからテコ的な動きや、うねった使い方になることはあっただろうし、そうでなければ、誰もが今日の目からは達人と見える動きができていたはずである。

だが、今日と大きく違ったのは、追求された方向である。

仕事や修行において、よしとされたのが、より支点のない動きだったのである。

支点とは、自分にとっての拠《よ》りどころでもある。意識は、生きて動いているなかには存在せず、そのなかに滞って動かないものを見出《みいだ》す作用として現れる。流動するものを概念によって固定化することで、意識は自己として自らを確認するのである。

したがって、動かない支点が、自己の実感につながることになる。筋肉をぐっと緊張させることは、支点がしっかりと固定された実感を生む。ふんばる、力む、などの動作が、いかにも自我の強いポーズに感じられるのも、ゆえなきことではないのだ。

近代以降の日本では、そうした姿勢をよしとする傾向が強まった。しかし、かつての日本人は、そのような自己の実感を消し去ってゆくことを、よきこととしたのである。概念化を強固にするにすぎない自己確立よりも、生きているものとしてあることに価値をおいたのだ。能狂言や日本舞踊の動きに顕著なように、蹴《け》らない＝反動を使わない動きは、かつての日本の技芸に共通する美意識でもあった。

流れるものと、ふんばるものと。

生きているものと、構造と。

どちらを求めるか。

ここに、日本の前近代と近代との最大の違いがあったのではないだろうか。

西洋と日本の身体

比較舞踊学の森下はるみ・お茶の水女子大学名誉教授は、最近、甲野とナンバをめぐる対談をしたさい、甲野の動きを見て、西洋の動きにはない特徴にいくつか気づいたという。

「動物では、ナンバ歩きをするのはキリンぐらいなんです。キリンは脚が長いから、交互に出すとぶつかるので、ナンバ歩きなんですけど、あとの動物は全部、手と足とが対向です。

私は、甲野さんの動きは、ナンバではなくて、『すり足』と呼んだほうがいいと思います。床の反力を、腰で吸収してしまって、上半身に伝えない。それが『すり足』の特徴です。ふつうは、足が出ると肩は逆にふれて補償してるわけですね、八の字状に。すり足になると、肩は動かないで、足だけになる。つまり上下動・左右動を抑制します。

すり足じゃなくても、日本の舞踊の動きはすべて、足をついたときの衝撃を上半身には伝えないようにしています。ゆっくり歩くとか、小股《こまた》で歩くとかというのも、その方法です。

バレエの場合は、伸ばして大股でつま先から床につきますが、体軸はまっすぐ肩もふらず上半身を床反力から自由にします。バレエの腰の強さというのは、片脚立ちで、なるべく支持面を少なくして、そして上に伸びる。動いたときにも安定してるというものです。日本のように「沈む」というのは、西洋にはないですね。

腰を入れると、膝《ひざ》から下が推進力の主役になりますから、足首が非常に重要になります。甲野さんは、腰・膝だけでなく、足首が驚異的に柔らかいですね。日本人は本来は柔らかかったんです。坐《ざ》の生活をしてたから。それを失っちゃったんだと思いますね。とくに畳じゃなくなって、トイレも洋式になってしまって。

近代になってから、姿勢にしても所作にしてもすごく変わったんですよね。美意識

「能のすり足」と「バレエの大股歩き」

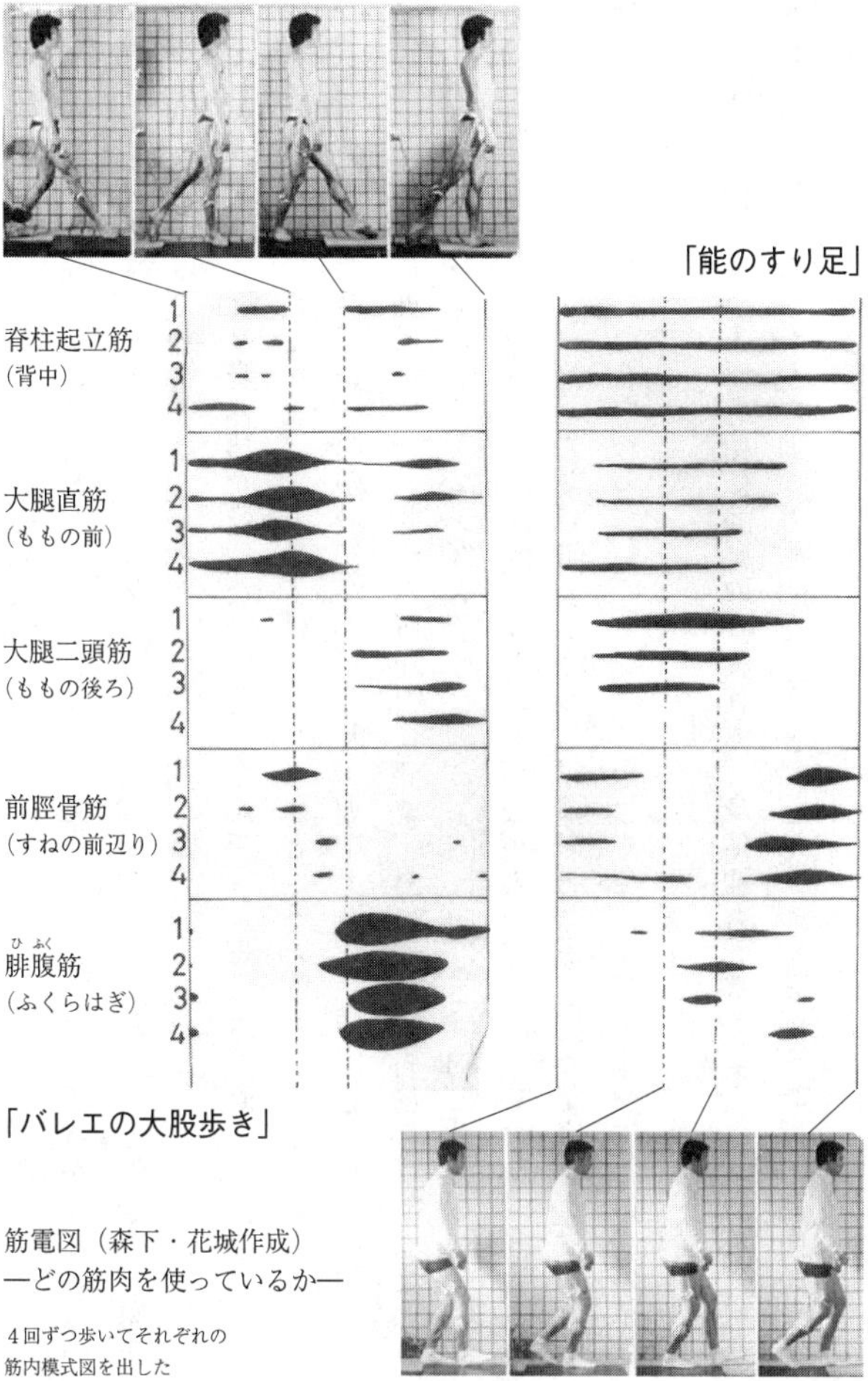

筋電図（森下・花城作成）
―どの筋肉を使っているか―

４回ずつ歩いてそれぞれの
筋内模式図を出した

も価値観も変わった。

今、ラジオ体操について、どんな言葉を使って動作について書いてるかっていうのを調べてるんです。それで、ラジオ体操以前の体操も少し見てみようと思って、幕末頃の体操を見てるんですよ。

そしたら、やっぱり身体観が違うなって感じたんです。脚は真《ま》っ直《す》ぐ隻脚《せっきゃく》で立つとか、脚遣いが多いんですよ。脚と手では、どちらかというと脚にウエイトがあるぐらい。『榭中《しゃちゅう》体操』っていうのが最初なんだけど、脚を上げたり伸ばしたりする動きが、多いんです。膝は曲げないで、腰から脚を外に開く、外に出す、外に伸ばすっていう動きが多い。バレエのトレーニングもそうだけど、内に曲げる、内にひねるっていうのはすごく少ない。そういう西洋的トレーニング法が入ってきたんですね。

それで面白いのは、入って来て何年か経《た》つと、脚をあんまり使わなくなって、上半身だけの体操にだんだん変わっていくんです。そして今のラジオ体操には脚遣いがほとんどないでしょ」

西洋の体操やスポーツを積極的に取り入れて、身体観も大きく変えていったにもかかわらず、体操のなかから脚の外旋的な動きを消していったというのは、面白い。どういうわけだったのだろうか。

幕末期の「榭中体操」

片脚で立ち、もう一方の脚を左右前後に動かしている。
他にも多様な動きがあるが、脚の動きを数多く取り入れており、バレエ的なのが特徴的である
（1885年にドイツの医学者シュレーバーによって刊行された『医療的室内体操』より。Aeretfiche Zimmer-gymnastik ）

西洋にしても、日本と同様に身体の歴史を持っていたはずで、前近代と現代とではずいぶん違うのではないかと思うが、美意識は、やはりヨーロッパと日本では大きく違うようだ。

日本人は、今でも膝を曲げてペタペタと歩くなどナンバ時代のなごりを残しているが、欧米人の美意識からは、それはひどく醜い印象になる。その醜さは、ナンバと近代的な動きとが半端《はんぱ》にないまぜられているために生じたものでもあるが、森下氏によれば、膝を曲げるということは西洋人の美意識に反するのだという。

「ヨーロッパの貴族は、赤ん坊の脚が曲がらないように、傘立てみたいな筒状の『赤《あか》子鞘《ござや》』というものを使っていました。ルイ十四世の肖像画なども、白いタイツのすらりとした脚を見せつけている。そういう姿に憧憬《しょうけい》があるんですね。反対に、しゃがむ姿勢は、猿みたいだと思うようです。したがって、農作業中も、直立してるんですね。鎌《かま》や鋤《すき》なんかも柄《え》が長くて、膝も腰も曲げずに、まっすぐ立って使うようになってる。そのくらい、しゃがんだり、脚を曲げたりすることを嫌悪《けんお》する美意識があります」

森下氏は、川田順造著『西の風・南の風』（河出書房新社）に紹介されている「赤子鞘」や、鎌を使う農民の姿の写真を見せてくれた。

西洋の死神が持っているような長い鎌は、考えてみれば当たり前だが、ヨーロッパ

赤子鞘

赤ん坊をこの中に入れる

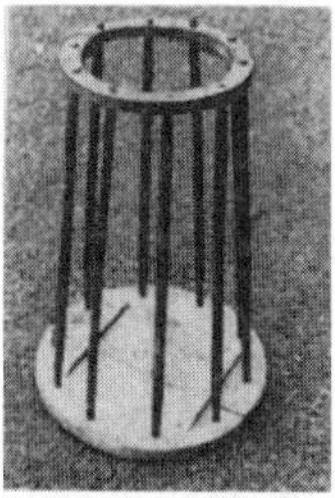

農民の姿

柄の長い大鎌を用いた、直立で上体を軽く前傾させた刈り取り作業（フランス）

（『西の風・南の風』川田順造著 河出書房新社刊より）

では日常の道具なのである。日本人としては、直立したまま農作業をするという姿には、まじめにやっている感じがしなくて違和感を覚えるが、あちらからすれば腰を折って働くなど不合理で見苦しい姿に見えるのだろう。

甲野は、幕末に開国を迫って来航したペリーが、座った姿勢からパッと立つ日本人を見て、軽業師のようだと驚いた例をあげる。

「日本人だったらごく普通にやることに、びっくりしたんですね。楽になってペッタリ座ったら、立つのにドッコイショとなるじゃないですか。だから完全に座った状態からスッと立てるっていうことが、驚きだったんですよ」

今では、日本人でも「ごく普通にやること」ではなくなっているが、膝を折ることにさえ抵抗のある西洋人からすれば、さぞかし不思議なふるまいに見えたことだろう。

ペリー提督の見た日本人の身体

むろん、それは好意的な感嘆ではありえなかった。

ペリーは、日本の役人たちが正座して平伏《へいふく》したり、「足裏を地面にしっかりとくっ付け、膝を曲げ、身体《からだ》を低くかゞめる」姿勢をとることに驚いて、次のように書く

（以下、引用は『ペルリ提督日本遠征記一〜四』土屋喬雄・玉城肇訳　岩波文庫）。
「彼等は悉《ことごと》く、長い間の練習によつてのみ獲得することのできる驚くべき程の筋肉の屈伸と関節のしなやかさとを示し、又弾力ある演技を見せて見物人の驚異を買ふ、熟練した曲芸師又は道化師の一人を思ひ出させたのである」

ペリーの視線は、あくまで皮肉なものであり、平伏する姿勢は奴隷《どれい》の行為と理解されていた。だから、人から平伏されていた人が、今度は別の人に平伏する様子に、日本人はみな互いに主人と奴隷であると書く。

床に膝をついて進退する膝行《しっこう》も、ペリーの目をひいた。
「委員達は一寸《ちよつと》黙つてゐた後に、平伏してゐる栄之助に物を云《い》つた。栄之助は眼を俯《ふ》せたまゝ、一寸それを聴いて、それから物慣れた態度で、まだ跪《ひざまず》いたまゝで委員達の通訳の方へ進み、その口上を伝へてから、然《しか》るべき回答をもつて、もとの位置に戻つて来た。その口上は単に普通の挨拶《あいさつ》で、提督と士官達の健康を尋ねたものにすぎなかつた」

膝行は、当時の武士にとっては特別な努力を要する動きではなかったろうが、ペリーには、ささいなやりとりのために、そんな軽業めいた所作で移動する姿が滑稽《こっけい》に見えているのである。

日本人の身体を見るペリーの目は、たいがい蔑視《べっし》をふくんでいた。初上陸したときには、日本人の体格の小ささや、集団的な秩序のなさを確認している。

「アメリカ人の総計は水兵、陸戦隊、楽師及び士官を含んで約三百人に達し、大して驚く程の兵員数ではなかつたけれども、それでも平和的な祝典として見れば全く十分な人数であつて、全部は甚だ潑剌《はつらつ》とした強壮な人達であり、ヽヽより小さくてより柔弱に見える日本人と甚だしい対照をなしていた。日本人の総員は非常な数で、浦賀奉行はその数を五千人と云つてゐたが、それよりも遥《はるか》に多いやうであつた。彼等は海岸一帯を繞《めぐ》つて斉列し、遥かの村端《はず》れから初まつて、北側に同湾を画してゐる丘の険しい坂までも達してゐた。一方背後に張られてゐる幕の蔭《かげ》や後ろには、無数の兵士が屯《たむろ》してゐた。日本軍の秩序はだらしがないので、大して立派に訓練されてるものとは思はれなかつた」

アメリカ人との体格の差は幕府も気になっていたので、格別に大きな力士たちを集めて、ペリーに取り組みを見せたこともあった。

だが、ペリーには相撲は、「動物的な性質をば非常な入念さをもつて見事に発達せしめた栄養過多な二個の怪物」が、「又互に獣的な兇暴《きようぼう》さをもつて睨《にら》み合ひつゝ、野蛮な動物の残忍な本能を発揮」しているとしか見えず、嫌悪感を覚えるだけだった。

そして、取り組みが終わるまでの忍耐のすえ、「アメリカ人は誇りを以《もっ》て、力士達の残忍な演技見物から電信機と鉄道との公開に移った」のである。それは「日本役人側の嫌悪すべき観《み》せ物に比して、より高い文明的な観せ物で、愉快な対照をなすものであった。残忍な動物力の見せ物の代りに、これは半開国民に対する科学と企業との成果の勝利に充《み》ちた啓示であった」。

日本の役人たちが、ぐるぐる回るミニ機関車を取り囲んで大喜びする様子に、ペリーは勝利感を覚える。

ペリーにとって、軍隊的な規律のなかで鍛えられ律されていない身体の格闘などは野蛮にしか見えない。対するに、科学と企業の産物こそが文明である。

このようなペリーのまなざしを、日本人はいち早くみずからのものとしてゆくことになる。

身体の西洋コンプレックス

それは剣術の世界にもおよんだ。

甲野は、今日の剣道の「正しい構え」とされるものが、このコンプレックスから生まれたものだという。

「現代剣道では、胸をはって背筋を伸ばして構えるのがいいと言われているのですけれど、これは明らかに明治になってからの姿勢です。あの頃は、西洋的な価値観、西洋文化にすり寄らないといけなかった。とにかく文明開化でしたから。幕末の写真や絵を見ても、剣術の構えは、みんなスッと胸が落ちたような姿勢だったんです。それを、こう西欧のように胸を張って堂々たるっていうふうに、無理やりにしたんですね。だから今の剣道では、腰を痛めたり、アキレス腱《けん》を切ったりするんですよ」

西洋的な姿勢を尊ぶことは、学校教育などを通じて広められていった。背を伸ばす、胸をはる、椅子《いす》に座る。手を振って歩く。筋肉を鍛える。肺活量を大きくする。

西洋人のような体格をめざし、肉食や体操が推奨され、西洋人との結婚による「人種改良論」を唱える者もあった。

こうして求められた身体は、男であれば、胸板の厚い西洋人風の雄々しきイメージであろう。

元薩摩《さつま》藩主、島津家の子弟の家庭教師を明治三十四年から七年間つとめたイギリス人女性、エセル・ハワードが記した記録『明治日本見聞録』（島津《しまづ》久大《ひさなが》訳　講談社学術文庫）に、内股《うちまた》についての記述があるのが面白い。

「私には最初、子供たちがひどく内股に歩くのが不可解だった。その時は知らなかったのだが、日本の貴族社会での古くさい行儀作法では、内股のほうが行儀よいとされていたのである。最初のうちは、子供たちにこの癖をやめさせようとする努力で、他の仕事よりも何にも増して疲れ果ててしまった。しかし、他のことと同様、まもなく彼らは躾《しつけ》にすばらしく早く順応するようになった。何分おきかに絶えず、『足をもっと開いて』というのが、私の口癖になってしまったので、大変に疲れてぼんやりしていたある日のこと、われわれの訪問客であったドイツ大使アルコ・ヴァレー伯爵《はくしゃく》が、何かの拍子で足を内股にして腰掛けているのを見て、ついうっかりと『足をもっと開いて』といってしまったほどだった」

かつては男にも内股的な所作の美学があったことがわかるが、イギリスの婦人にとって、内股はよほど許しがたいことだったのだろう。

森下氏は、さまざまな舞踊の足運びを比較研究してきたが、「アジアの舞踊でも、内股があるのは日本舞踊だけです。韓国舞踊にも中国舞踊にも、内股は一切ありません」という。日本に独自な美学であり礼法であった動作なのかもしれない。それを「古くさい行儀作法」として排除する視線は、たぶん今日の我々のものでもあろう。

たしかに島津家の子弟の内股について、その柔弱な印象が高雅な身分の記号とされたかのように解釈することもできないわけではない。かりにそうだったとしても、それに対して足を開けとしつけることは、代わりに、軍人たりうる男性としての「健康」的なイメージをになわせているにすぎない。

近代には、日々の暮らしが刻印された多様な身体に対して、一律な、あるべき体格や姿勢や動きが理想とされるようになる。健康で、清潔で、規律ある身体である。その理想像の根拠をなしているのは、近代医学が解剖して見せる、一様な構造をもった身体であった。

構造として理解された身体には、体格、運動能力、血圧、血糖値、尿酸値、その他なんでも計測できることのすべてについて、理想域が設定される。計測できる身体は、管理できる身体である。

同様に、歩き方や運動の仕方も、日々の労働とは無縁な、構造としての身体の営みとして指導されるようになる。学校は子供を家業の手伝いから引き離し、学校体育は、日々の暮らしと無縁な、すなわち生きるということと無関係な身体を築くべく教育する。

そうして身体の多様性に対する忌避感が高まり、労働の刻印された身体は蔑視されるようになる。それは、頭脳を尊重し身体を軽視することと同時に進行した、社会の根底の大変動であった。身体を一律な構造体とみなすことは、身体を意識によって統御、管理されるべきものと考える思想であり、つまりは身体を蔑視するイデオロギーに他ならない。

モースが驚いた働く日本人の身体

ただ、そうは言っても、日々の生活や仕事のなかで培《つちか》われた身体は、生活や仕事自体が変わらなければ、そう簡単に変わるものでもなかったはずである。

明治十年代の日本の生活をつぶさに観察した博物学者、エドワード・S・モースは、ペリーとはちがって、日本人の身体や風俗を好意的な視線で見ていたが、日本人の腰をかがめて働く姿勢に、何度も驚愕《きょうがく》し、日記に記している（『日本その日その日』石川欣一訳　平凡社東洋文庫）。

「稲がのびると共に、稲の上に大きな麦藁《むぎわら》帽子と胴体だけを出した農夫達が、一層変な格好に見える。だが、人間が身体を殆《ほと》ど二つに折り曲げて、終日焦《こ》げつくような太陽の下で働いているとは！　男も女もこの仕事をする」

田畑で腰を折って働く姿は、農業の機械化によって昔ほどは見られなくなったが、わりあい最近まで変わらなかったものではないだろうか。

モースは、犂《すき》の柄《え》の短さにも注目し、日本人の生活は、幼い頃から背中の強さを発達させると指摘している。

「日本の犂は非常に不細工に見える。だが、見た所よりも軽い。鉄の部分は薄く、木部は鳩尾《ありさし》のようにしてそれに入っている。これを使用する為《ため》には、ずい分かがまねばならぬが、この国の人々の深く腰をかがめたり、小さい時に子供を背負ったり、田植をしたりする習慣は、すべて、非常に力強い背中を発達させる役に立つ。赤坊や小さな子供が両手の力を藉《か》りずに床から起き上るのを見ると、奇妙な気がする」

今では、両手の力を使わずに起き上る子供はあまりいないような気がする。いつ頃まで、それがふつうのことだったのだろうか。また今では、こんな雑巾《ぞうきん》がけの姿勢も、もう見られないだろう。

「床を洗うのに女は膝《ひざ》をついて、両手でこするようなことをしないで、立った儘《まま》手を床につけ、歩きながら雑巾を前後させる。こんな真似《まね》をすれば我々の多くは背骨を折って了《しま》うにきまっているが、日本人の背骨は子供の時から丈夫になるように育てられている」

モースの在日中の日記には、昔の日本はなんと素晴らしい国だったのだろうかと感動させられ、またその喪失に切なくなるような記述が満載されているが、なにより印象深いのは、東京の繁華な場所にさえ感じられる、静かで穏やかなたたずまいである。身体の動きも、その静かな空気とともにあった。支点のない動きを求める美学は、そのような生活の基調にあった美学に他なるまい。ナンバ歩きについて考えるとき、そのような生活をつつんでいた空気感にも、動きを律する感覚を見出《みいだ》すべきだろう。

現代舞踊家・振付家の山田うん氏は、甲野の第一印象を、次のように語る。

「千代田区の体育館での稽古《けいこ》会《かい》に行ったんですが、甲野先生が最初に道場に入ってきたときの歩き方とその気配が、今まで一度も感じたことのないような人間の有様で、びっくりしてしまいました。それが最初のショックでした。なんだ、これはって。畳の上を、荷物をいっぱい持って颯爽《さっそう》と歩かれるではないですか。あれだけのスピードで、大勢のなかをガーっと突っ切って歩くと、ふつうなら空気がざわざわするのに、それが全然ないんです。ポンとワープしたみたいに、何もない感じがあって、あれはびっくりしましたねえ」

静かさと迅速さとが矛盾しない動き。

そんな甲野の動きに、山田氏は、舞踊に新しい動きを作り出すためのヒントを見出している。

日本人の身体《からだ》の面白さ

山田氏が取り組んでいるのは、「現代舞踊の、形態のない、なんとか新しい表現がないかと模索しているダンス」である。

ごく乱暴にいえば、現代の振付家には、「西洋バレエのように、基礎と応用があるような数学的発想で身体を捉《とら》えて創作する人たち」がいて、「日本の暗黒舞踏のように土俗的で文学的な世界を身体に持ちいれて表現をする人たち」がいる。かつてヨーロッパで舞踏の斬新《ざんしん》さが注目を集めたが、その時期もすぎ、「では、次に、どんな身体を提示してゆくべきなのか」と考えざるをえない段階になった。「そこで切っても切れないのが、すごく特殊な身体だということです」と、山田氏は言う。

「フランスにいたとき、レッスン中に、自然と右手と右足が出て、先生方に『そんな人は見たことない。ダンサーなのに、バレエの基礎も持っていないのか』って、驚かれたんです。バレエもやってましたけど、慣れない動きをやろうとするとなぜか右手右足になっちゃうんです。

その体験がきっかけで、日本人の身体って面白いなって思ったんです。短足で、腰が低くて、バレエに向かない身体。それが面白いなって」

ナンバは、今も日本人の身体の深くに潜んでいて、折りあらば表に出てくるものらしい。山田氏がそうだったように、状況によっては珍しいことではないようだ。

「日本でママさんクラスのワークショップをやると、みんなナンバになるんですよ。とくに、ある動きをやって、今度はそれを、背を正面にそっくり後ろ向きでやってみましょうっていうと、若い人でも、みんなナンバになってしまいます。単純な動きでも、後ろ向きでというと、そうなるんです。

ナンバになるのは、普段の生活のなかで消えてしまっている身体の部分をもっているということになるのかな。素直な身体、環境に破壊されてない身体が出てくるということじゃないでしょうか」

そのようなことは、日本人以外では見たことがないという。

そんな日本人の身体の特殊さが、山田氏にとって、新たな表現を作るための重要な鍵《かぎ》だった。

「ヨーロッパで踊ってると、なぜ自分が日本人に生まれたのかということが、とても不思議に思えてくるんです。中国人なら納得できるけど、なぜ、日本人なんだろうって。

この小さな島国の特殊な環境のなかで、舞踏でもバレエでもなく、日本人としてのユニークな身体の使い方ってできないかなと感じて、それで帰ってきてから、甲野先生の本なんかも読むようになって、これは、なんだろうって思ったんです」

そこで、稽古会に参加してみたところ、いきなり先の話にあったような、見たこともない身体が現れたのである。

「なんだこれは、と思いました。でも、私は武術はわからないので、ただ単に面白いと思ったんです。

速くて見えないので、もう一回見ないとって思って、次に行くと、先生はまた進化されているので、この前とは違っていたり」

だが稽古会には、どうしても武術やスポーツ関係の大柄な参加者が多く、その人たちが甲野を取り囲むので、山田氏には、なかなか満足いくまで甲野の動きを見ることができなかった。

「それに、袴《はかま》で足の運びがよく見えないので、脛《すね》とかも近くでよく見たいと思っていたんです。それで、ダンサー対象のワークショップを開いて特別講師をお願いしました。私が近くで見たかったからです」

ワークショップでは、他のダンサーたちもみな、ショックを受けていたという。

「ダンサーって、日頃から訓練してますから、どんな動きでもできるぞっていう気持ちをもってるところがあるんですね。やったことがない動きだとしても、観察力もあるし、すぐに真似《まね》はできるって思ってる。それが、なんか知らないけど、できないわけですから。

足の裏の垂直離陸に秘密があるというので、みんな先生の足の裏に手を入れたがりましたね。人を持ち上げるときに、足の裏に下向きにはまったく圧力がかからないので、みんな、アレッて驚いてました。

寝ている人を棒のように起こすというのも、びっくりしましたね。介護のようにではなくて、まっすぐにした身体を起こしてもらうんですけど、普通は踵を軸にして起きていくのに、どこも軸にならずに、ワープしたようにふっと起きていたんです。

不思議でびっくりするんですけど、でも、それが自分も持ってる感覚なんだっていう、それを目覚めさせればいいんだっていうところで、新しさを感じないんです。見たことないものを見た驚きと、自分も持ってるんだ、目覚めさせればいいんだっていう勇気と、両方もらえた感じがあったんですね。だから、みんなの反響が大きいんです」

甲野がピナ・バウシュ氏のヴッパタール舞踊団のワークショップに招かれたときに

も、山田氏は同席していたが、そこでも、やはり驚きは大きかったという。

「ダンサーたちは、最初のうちはわけわからない感じでしたけど、真似して一緒にやってみると、その難しさに、大変びっくりしてました。後で何人かに、稽古したいとか紹介してくれないかと言われました。すごい驚きようでしたね。

あそこは世界中のダンサーがあこがれる超一流の舞踊団で、入団できるだけでも奇跡的というくらいのすごい倍率のところですから、ダンサーたちはそれこそ、自分にできない動きはないというつもりでいますよね。少なくとも練習すればできる、しなくても、たいていのことはできるよっていう。

それが、ひっくり返されちゃった。

どんなトレーニングをしてるのかっていう質問には、『トレーニングはしない』って答えでしょう。理解できない、そんなことありえないって、びっくりしたでしょうね。

アクロバティックなことなら、練習の道順は見えるんです。でも、一見なんでもない動きですからね。どうすればいいのか、わからない。世界のいろいろなダンスを見てきても、こんな動きは見たことがないというものに出遭った感じだったろうと思います」

では、山田氏自身は、甲野の動きをどのように取り入れていったのだろうか。甲野の動きをヒントにし始めた頃、山田氏は怪我《けが》をして舞台に立てなくなった時期があったという。そのおかげで「身体の発見のための稽古ができ」、「ダンスを根底から考えさせられた」という。一般にダンサーは、日課のレッスンや公演のためのリハーサルで手一杯で、それ以上の追求の時間はとりにくい。

「でも、追求しないといけないことは、実用性ではないんですね。無駄かなと思うような、寄り道のような稽古をしないといけないんでしょうね。舞台のためということばかりじゃなくて」

いったん目の前の必要を離れたところで考えたり稽古したりしないと、すでにできる動きから離れにくく、動きの質を変えることは難しい。とくに団体競技のスポーツの場合は、とりあえずの必要にひきずられて、質的な転換がなかなか難しいのではないかという気がする。それよりは自由にできそうな舞台芸術の場合も、たえず次の公演に必要な練習を重ねているなかでは、同じようなことが言えるのだろう。山田氏の場合は、怪我が、幸いしたわけである。

日常からふと手をのばしたところ

そうして研究された武術的な動きは、舞台ではどのような生かされ方をしているのだろう。

「私は、振付を起こすときに、静止を軸にして考えるんです。動いているものが、どんなタイミングでどういうふうに止まるか、ということに興味があって、すごく極端に静止を意識して作っていくんです。

それで、身体の部分部分がいっせいに参加して動くように、身体の支点をいっせいに部分部分に分散して止まるというふうにやってます。まだ、十分にはできないけど、取り入れるようにしています。

それは、甲野先生の本や実演を見る前から、もともとの自分のスタイルにあったものなんですけど、感覚的なものなので、言語化できなかったんです。自分がなんで止まりたいのか、どんなふうに止まったら身体の本質に迫れるのか、リアリズムが生まれるかということが、わからなかった。なんとなく感覚的には、こんなふうに止まりたいとか、動き出しを見せずに動きたいとかということはあったんですけど。

それが甲野先生によって言語化されていて、クリアになったんです。こうやって身体の各所を参加させると実現するのかとか、具体的に理屈でわかるようになったということです。

グループで稽古していてメンバーに説明するときにも、甲野先生の言葉が、非常に参考になります。予想以上にすごく速く動けたり、そこから急に止まれたり、床を踏まなくて跳ぶとか、そういうことが一緒にやる他のダンサーはなかなかできないんですが、そういうとき、どこが違うのかを検証して、どっちがいいとかじゃなくて、私は身体のどことどこを意識するとこうなるっていうふうに説明しやすくなりました。

私は動きの準備段階を持たないで、歩行しているときに、次のための身体が作られていくようにします。歩いていて、横にしゅっと跳ぶとかっていうときに、普通はステップを踏んで、バネを使うんですけど、そこを気配なくいきなり動くんです。その動き出す準備の一瞬がないことで、観客が前に進んでくるんだなと思ってるところを横に行くというふうに、心理を裏切ることができます。それが楽しいんです。

そうして誰でもできそうな、誰でも一度は経験したことがあるような立ち居振る舞いから、パッと身体を非現実的な世界へ運んでいく、そんな瞬間が観客の記憶に残って、ある同じような日常動作に遭遇したときにふっと思い出してもらえればいいなと思っています。

日常のレベルからふっと手をのばしたところに、未知なる環境もあるよ、退屈な環境もあるよっていうことにダンスの鍵があるんです」

現代芸術が日本の「伝統」を取り入れようとするとき、これまで、ほとんどが意匠や様式の取りこみにすぎなかった。しかし山田氏は、武術的な動きの原理や感覚を取り入れることで、本当の意味で新しい舞踊を作りだしつつあるようだ。どんな舞台が生まれてくるのか、ものすごく楽しみである。

歩行が変われば、思考も変わる

山田氏が言うような「日常のレベルからふっと手をのばしたところ」に、かつてはさまざまな文化があった。我々はそれらを、捨てたとも気づかないままに、捨てさってきてしまった。

身体を、意識の支配下に置くことは、意識の習慣性のなかに埋没することである。とかく意識化することが自由の条件であるかのように言われがちだが、それは支配性を自由と勘違いしているだけだ。

未知の領域を、「知っていること」だけの世界にすること、すなわち知の植民地主義の欲望のもとにある身体は、今日のグローバリズムという虚構に覆《おお》われつつある世界と等しく暴力に支配される世界であり、どちらがテロリストとも判然としない紛争がたえず勃発《ぼっぱつ》する。

意識が身体の多様性に向けて開かれないかぎり、意識は意識の思いこみのなかで観念を増殖させる自己運動を続け、圧政の果てに、自滅するしかない。意識は、身体から独立しているわけではないからだ。

かつては、文化が、意識と身体とをむすんでいた。人の営みが文化であり、文化のなかを人は生きていた。

歩行法も、文化である。

だが、構造体としての身体の歩行は、文化ではない。一定の合理性が解釈されるだけの身体から文化が生まれることはありえないからだ。生命なきところに文化はない。合理的な理想からの偏差として、だらしない歩き方や美しい歩き方が、つまり習俗の差や癖としての個人差が認められるだけである。

構造体としての身体では、感覚と情報処理とは区別されえない。情報が文化になりうるはずはないが、今日の人は情報に、その役割を求めている。意識の支配する世界では、意味にしか価値がない、いや、意味しか存在しないからである。

多様な歩き方を考えるということは、この意識の圧政下にある日常を揺るがすそうということだ。

甲野は、みずからの技についてできるだけ合理的と思われる説明を加えるが、そのような理屈にしたがって新たな技を考案してきたわけではない。ふと、思いつくのである。たとえばテレビ収録中に介護士の介護法を見ていて、ふと新しい介護の技法を思いつき、その場で披露したこともあった。もちろん、そのときまで、一度もやってみたことのない技である。

「多分できるだろうという予感はありましたし、実際、できました。

そういうふうに、ふと思いついて、やってみたら、初めてなのにできた、ということは、何度も体験しています。というより、ふと思いついたけれど、やってみたらできなかったということはなかったように思います。

思考と身体感覚が結びついてきて、その感覚が『できる』という感触を持ったときには、頭のほうでも、なんとなくやり方を思いつくようです。思考は、身体感覚によって生まれるものと言えるかもしれないですね。武術の技でも、受《うけ》に圧倒的に有利な状況、たとえばこちらは片手で、受は両手、そのうえ払いながら逃げる、などという状況で技を試みることを私はやりますが、そうした技をふと思いついたときというのはなぜか、それができるようになったときなのです」

身体感覚の幅が広がれば、そこから生まれる思考の幅も広がる。歩き方が一通りしかないと決めつけることは、思考をも一通りの枠のなかに閉ざしてしまうことになりかねないということだ。

歩き方が一通りでないと理解することが発想の転換につながるのは、たんに「歩き方にさえ別の方法があるのだったら、当たり前と思っている他のことにも別のやり方があるのではないか」とか、「ナンバ的な歩き方は、ボウリングにも応用できるのではないか」といった類推や応用をうながすからではなく、別の歩き方を理解した身体による発想はおのずから変わるからである。身体が変われば思考も変わる。

もう一つの歩き方は、たんなる発想のヒントなのではない。別の歩行をする身体が、別の思考をするのである。

第五章　異分野からの挑戦者たち

フルート演奏の新しい発見

「音への感受性がおかしくなってきているのかもしれませんね。昨今とくに」

フルート演奏家の白川真理氏は、ちょっとためらいがちに言う。

「音楽は、けっきょく趣味の問題と言われてしまうでしょう。でも、聞いていると胸が苦しくなる演奏もあれば、お腹《なか》の深いところから響いてくる心地よさを覚える演奏もあるのです」

その違いは、何なのか。

「奏者の身体《からだ》から発せられる音の根っこの位置が違うように思います。それは息の深さの違い、と言ってもいいかもしれません」と、白川氏は言う。

フルートに限らず現在の演奏者では、著名な、一流と呼ばれる奏者であっても、聞いていて胸が苦しくなる音である場合は少なくない。ということは、その違いが今日の音楽界では重視されていないということか。

「響きと音量も混同されているように思います」

白川氏が、音の響きの違いに愕然《がくぜん》としたのは、二十五、六歳の頃、ミュンヘンに一年半留学したときのことだった。留学中は、レッスンのかたわら、ほとんど毎日のようにオペラに通っていた。

「オペラ劇場で聞いていると、オーケストラが鳴っていても、歌手の声に身体が振動するんです。下手な歌手のときは、そういうことは起こらない。上手な人の声や音は、小さな音でも身体を突きぬけて、身体を揺らす。そういう体験を三日にあげずしていたわけです。

でも、私がフルートを吹いても、それがない。なにか違うなあという思いがありました。

そのときは、納得のいかぬまま、挫折《ざせつ》して帰国しました。それでも、そこそこ仕事はあるし、ずっと演奏家ということでやってくることができました。

でも、自分のなかでは、ずっとひっかかっていたんですね。決定的だったのは、ヤマハの公開レッスンのときに、プレッシャーで身体がよれよれになって、大失敗をしてしまったことでした。武術で言うところの『居つき』ですね。このままではやっていけないという思いが募って、悩みました。

ただ、さいわいその後、甲野先生の動きがスポーツと正反対の身体の使い方であるように、従来とは正反対のことを教えてくださったチェコの先生に出会ったんです。

それまでは、楽器に向かって息を吹きつけて音を出すという発想をしていました。

ところがその先生に、『そうじゃないよ。息はほとんど使わないで、むしろ自分の身体のなかに送るような感覚にしなさい』と言われ息を吐いてから吹く、というレッスンを受けました。

百八十度の大転換でした。

それまで私が受けてきたトレーニングというのは、いかに大きな音を豊かにしっかり出すかということで、身体を固くして、大量の息でスピードをつけて吹くというものでした。でも考えてみるとそれでは、私みたいな小柄な女性より、肺活量のある大きな男性の方がいいということになりますね」

楽器の演奏も、ふつうは筋肉と骨格の構造としての身体観によって考えられているらしい。息する身体さえも筋肉でとらえて、腹筋の鍛錬をする人も多い。当然、響きを生みだす身体としてはとらえられていないということだ。

「でも、その先生は、そうじゃないと教えてくださったんですね。結局は、息の密度の問題で、ようするに身体が響けばいいんだよということを。

その先生もかつては、自分はなんて下手なんだろうと悩んでいたんだそうです。でも、彼も、胸から出る音をよしとはできなかった。それがないと、気づかないままになりますよね。これ、みんなはいいって言ってるけど、違うんじゃないかって気づかないと。

そして、その後、今年七十歳になられるのですが、十九世紀のフルートを飄々《ひょうひょう》と『遠音《とおね》がさす』という言葉そのままに吹いておられる今の師匠にめぐりあい、その方向性は、より確かなものになりました」

こうして求めるべき息のあり方についての意識が大転換した白川氏は、そのためには身体も変えないといけないと思った。たとえばアメリカの演劇や音楽界でよく行われている身体調整術のアレクサンダー・テクニークを実践している友人に施術《せじゅつ》してもらうと、息が深く通るようになる効果を実感できた。自分自身がそれを学ぶまでにはいたらなかったが、そのときの感覚を大切にして、筋を張らないような身体の使い方を心がけるようにはなったという。

着物と呼吸法

そのうち、そのめざす感覚が、着物を着たときの感覚に近いことに気づいた。

「母が亡《な》くなって、着物を託されたんです。それがきっかけで着物好きになったんですが、着物を着ていると、アレクサンダー・テクニークで施術されたときに近い感覚があるんです。着崩れないようにするために、無駄に肩があがらないように、胴体をひねらないようにするからですね」

これは面白いと思った白川氏は、すっかり着物マニアになり、着物雑誌を欠かさず読むようにもなった。そして、その雑誌のグラビアで、甲野善紀に出会った。

「もう一目惚《ぼ》れですね。お写真を見ただけで、すごい、と。見た瞬間に、この方にフルートを持たせて、音を聞いてみたいと思いました。息づかいがとても気になったのです。武術という生き死にをかけてやっているであろう人たちの息は、どうなっているのだろうという思いがあって」

こうして気になりだし、甲野の著書を読んでみた。

そして、朝日カルチャーセンターでの甲野の講座に参加することにした。

「そのとき来ていた人たちはスポーツ関係者ばかりでしたので、場違いなところに来てしまったかなという印象でした。

でも、甲野先生を見ていたら、どんな動きの時も、息は静かなんです。それで『息はどうなっているのですか』と質問をしたら、『息については、あえて触れないようにしてる』という答えで、はぐらかされたような感じがしました。しかも手をつかまれないようにする体術の技を受けたときに、『こういうとき自然と微妙な息になっているんですよ』と言われましたが、なんだかタイミングをはずされただけのような気もして、『なんとか、甲野先生につかまれないようになりたい』と思って、その後も続けて行くようになったんです」

呼吸法については、甲野はよく質問を受けるが、あまり答えようとしない。それは「未熟なうちからこれがよいという呼吸法を行うのは、かえって本質的な進展にブレーキをかける危険性がある」と思うからだ。甲野は言う。

「呼吸というのは、おのずと動きについてくるものであるはずです。意識すると呼吸は必ず乱れますから、意識的にはできないはずなんです。ただ私が参考にしているのは、社団法人・整体協会の基本的な健康の観察法の一つである『一息四脈《いっそくしみゃく》』というものです。一呼吸する間に四つの脈を打つのがよいという考え方ですが、寝ているときや無意識のときに他人に測ってもらうのがよいかと思います。呼吸は意識と深いつながりがあるので、呼吸法は非常に有効ではありますが、重要なだけに、現在の私程度のレベルで、呼吸を云々《うんぬん》したくないのです」

たぶん、白川氏にもそういった説明がされたのだろうが、すぐに納得はできなかったようだ。だが、それは疑いではなく、なんとか知りたいという欲求となった。疑いにならなかったのは、甲野の動きそのものに魅了されたからである。

「最初は、フルートのためにと思って行ったのですが、お会いしたときから、もう面白いの一言ですね。それと、なにより美しい。いい演奏を聞いたりいい彫刻や絵を見たときと同じ感動がありました。動きの一つ一つに無駄がなくて、すべて必然的で、これはもうただ見ていたい。それで私は、甲野善紀ウォッチャーになろうと決めたのです」

甲野の武術を学びだして、最初に気づいたのは、構え方の問題だったという。フルートを演奏するときは、手を横に伸ばさねばならないので、身体をまっすぐにしたままだと、無理がある。それで教則本的には、上半身を左に四十五度ほど斜めにし、腕頭と身体とフルートとで三角形を作るようにして構えることがよしとされているという。身体をひねって、ふんばって構えるのである。

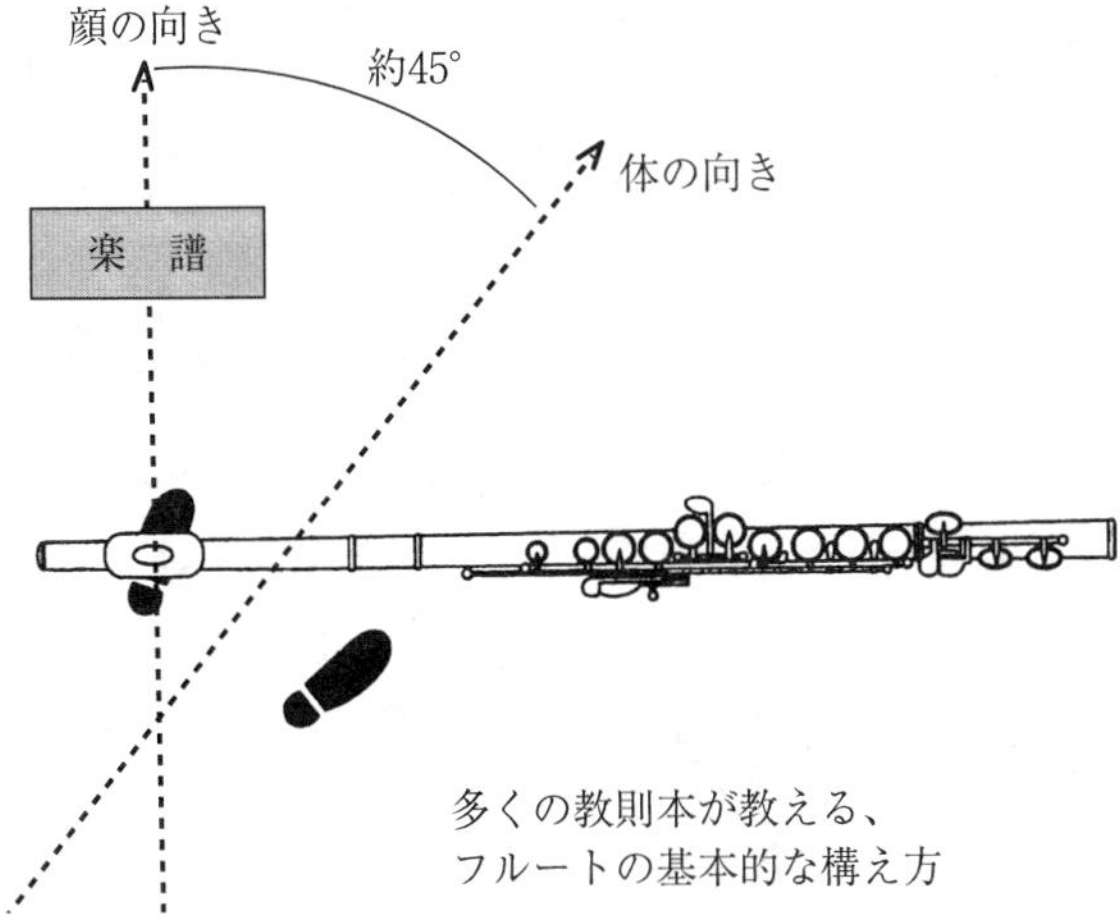

多くの教則本が教える、
フルートの基本的な構え方

「最初の大発見は、足首、ひざ、股《こ》関節《かんせつ》と回せば、見た目はひねってても、体幹部分はひねらないですむということでした。それがわからないと、一番ひねりやすいウエストでひねってしまう。それでお腹で支えようとすると、みぞおちが固くなります。だから、聞いていて胸が苦しくなるような音になってしまうんですね。

　また、アレクサンダー・テクニークではその点に注目し、ウエストではなく首だけ左へまわす、としていますが、それも左の首と肩がこわばり、少し違和感がありました。

　それで今は、三角形に構えるのではなくて、身体とフルートとを平行にしています。それまで左足が前に出ていたのを居合のように左半身を後ろにひいて立っています。

これはちょうど、菱川師宣《ひしかわもろのぶ》の『見返り美人』の反転形と近い形になりますね」

白川氏が甲野の武術を学びだしてまもなく、音が変わったことは仲間たちの耳にも明らかだった。

「アンサンブルを一緒にやったら、みんなに驚かれたのです。それで、聞かれるままに、その人たちに私のやってきた筋道を伝えて、それから一回きりのつもりで音楽家のためのワークショップを甲野先生にお願いしました」

公募はせず、趣旨を理解し関心をもつ人に限って、白川氏の口コミで参加者を集めた。

「とにかくナマの先生に触れる機会を持とうということで、とくに音楽に関することをやるわけではありません。武術の技を見せていただき、体験するものです。

みんな、まるで遠慮がなくて、貪欲《どんよく》です。それに武術の世界の人たちとちがって、甲野先生のことを、すごいことができるおじさんとしか思っていないですから。着物を脱いで触らせてもらったり、袴《はかま》をたくしあげて見せてくださいって言ったりして。垂直離陸で技をかけるときにも太腿《ふともも》が柔らかいんで、『ヘン～』とか言って。

先生を囲む輪が、牛に群がるピラニア状態でした。私も、もちろん触らせていただ

白川真理さんの構え方の変化

現在。抜刀術を応用した『見返り美人』の構え。ルームシューズ着用
(写真提供・白川真理氏)

約10年前。一般的教本にのっとった構え方。踵の高さも大切な要素。このときは6センチのハイヒール

菱川師宣『見返り美人』
(東京国立博物館蔵)

約5年前。アレクサンダー・テクニークを知ってからの構え方。左肩、首あたりの滞りがある。3センチのヒール

きましたが、本当に人を持ち上げるようなときでも太腿は柔らかいままなんですよ」

　参加者からは好評で、甲野も乗り気になり、一回きりのつもりが、二ヶ月に一回の定期的な開催となった。メンバーそれぞれに発見があり、オペラ歌手の女性は、おばあさんの役を演じたさい胸を落として腰を沈めた姿勢のほうが声が出る、ということに気づいたという。

「お会いするたび、新しい気づきがあります。ふつうにフルートだけを学んでいたのでは一生得られないような、すごいヒントをたくさんいただいてます。メモしてあるんですけど、もう十項目以上あります。

　きっと天才的な音楽家は、もともとそういうことができていたのだと思います。それが当たり前なので、特に教えることもない。そして、わからない人は、ずっとわからない。

　音楽大学というのは、昔はなかったものですよね。音楽は、本当に才能があって神様に選ばれたような人だけがやっていた。それがフランス革命とかで市民階級が台頭して、その後有産階級の子弟が入れる学校ができて、ようするにお客さんになっちゃった。そうすると、大勢のほどほどの人が、そこそこのことができるようにしないといけないから、マニュアル化していった。それが現代まで加速してきたんでしょうね。

でも、才能がなくても身体《からだ》への感覚を磨けば、誰にでもより大きな可能性が広がるのでは、と考えています。甲野先生のもとでの発見を企業秘密にしておきたい気もしますが、そういう感覚を持っている人を増やしたいとも思うのです」

あるホールで行われた白川氏主宰のワークショップを見学に行ってみたら、会場は「フルート・アンサンブルと武術の舞のパフォーマンスの練習」という名目で借りられていた。楽器を使えるように音楽用のホールを借りようとすると、「武術」という言葉で拒絶されてしまうからだという。「それなら体育館を借りてください」という不許可の理由は、もっともではあろう。

たしかに、ピアノのあるホールで、フルートなどを手にした人たちのなか、武術の実演が行われている様子は、風変わりな越境的風景である。

参加者はみな、話に聞いていたとおりの熱心さで技を受けていたが、むろん演奏家の誰もがそんなふうに興味を持つわけではない。というより、ごく少数派だろう。

以前にくらべれば身体の問題を意識している演奏家は多くなっているというが、「運動には興味ないよ」という反応も多く、ましてや「武術」となれば視野に入ったこともなく、怪しいとさえ思われがちである。

「『理想の音』を追求していく中で、もともと、身体への感覚を持っている方々が参加しているのでしょうね。追求といっても自分の音は自分だけではわからないと思っています。己可愛《おのれかわ》いさから、聞きたい音で聞いてしまう、ということもあります。また、録音した自分の声には、みんな違和感を感じますよね。自分の骨に響く骨導音などが入ってないから、自分がふだん聞いてる声と違って聞こえるわけです。ですから同じように、人のきれいな音を真似《まね》して、自分にそのきれいな音に聞こえるような演奏をすると、違ってしまう。

だから、耳で聞くのではなくて、身体で聞くんです。私が師匠から言われて心がけていることは、『自分には聞こえないように吹く』ということです」

多くの演奏家がみずからの身体の響きを意識しなくなっているという、その感性は、むろんCDなどで音楽を消費している我々の感性でもある。今日のほとんどの音楽CDは、何度も録音し、それぞれのいい部分をつなぎあわせて作ってある。ひとつの場、ひとつづきの時間のなかで生まれた音楽を記録したものではなく、バラバラな音をパッチワークし正確で安定した商品に仕上げた工業製品である。響きのない音にもエコーをつけて響かせて作る。それをよいと思う「消費者」が、音楽から身体性を失わせたのだ。

白川氏も二〇〇三年にCD『SERENADE～flow～』を出したが、そのようなCDにすることは避けたかった。

「少し違う音が入っていても、これでいってくださいとお願いして、好きに作らせてもらいました」

録音は、甲野に出会ってから四ヶ月後に行われたという。

「その録音の予定があったので、なにかを必死に探していたということもありました。たった四ヶ月目ですが、その効果は如実《にょじつ》に現れました。もちろん、私の演奏は、まだまだと思っていますし、CDは響きを実感するには、生演奏にかなうものではありません。でも、特に有名奏者でなくても、こういう音の出し方がある、できる、という一つの指針になればとも思うのです」

武術的に考えた楽器の構え

甲野は、音楽家のワークショップだからといって、特別なことをやるわけではない。他でやるように、希望者に技を体験させながら、説明をするだけである。スポーツについてと同様に、音楽という分野に特別な関心があるわけではなく、音楽家が自分の技を体験することでなにか発見があるなら幸い、というような気持ちでいる。

むろん演奏にかかわる質問を受けることはあるが、それに対しても、やはりスポーツのときと同じで、武術の技からの連想で応じている。

たとえば、以前にピアニストから「どうしても肩が上がりがちになってしまうので、なんとかならないでしょうか」という質問を受けたときには、その場で思いついて「ピアノを弾く手を鍵盤《けんばん》にもっていくとき、掌《てのひら》を上にして肩を沈ませてから出して、鍵盤上で肘《ひじ》から先だけを下向きに返すと、肩が上がらない」と、アドバイスしたという。

甲野によれば、それも武術の応用だったという。

「身体を使って行う技芸では、どの分野でも肩が上がっていていいことはありません。肩が上がっていると、重心がうんと上がってきます。それは、武術でいえば、相手に制せられた状態です。手首を取られたりして、肩が詰まらせられて、身動きを抑えられている状態ですね。

しかし、鍵盤に手を出すときに、掌を上にして出してから肘から先だけを返す動きで、肩が上がらなくなったと喜ばれました。

つまり、どのような経過をたどってくるかによって、筋肉の状況は全然ちがってくるので、それを教えておいたんです。そうしたら、その後、音も全然変わってきたという報告を受けました」

フルートの構え方についても、甲野は音楽家たちの講習会のあとの打ち上げの飲み会で気づいて、その場でやってみせた。

「まず左手でフルートをぶら下げた状態で持ち、次に右手の甲でこのフルートを水平方向に上げます。このとき肘は真下を向きつづけているようにします。次に右手の親指の背というか側面でフルートを支え、ほかのすべての指をフルートにまわします。こうして構えて、身体をねじらないようにすれば、肩も上がりませんし、気管もねじれませんから、当然、息の通りが違ってきます。もちろん指の動きも変わります。ただなんとなく構えるのと、ある身体の流れにそった経過で構えるのとでは、まったく身体の流れが違ってきますから、当然音も変化してくるでしょう。

こういうことは音大などではまったく指導されないそうですが、きっと基盤である身体の使い方については、演奏者任せでほとんど未開拓な分野なのでしょうね。つまり、天才とは、ただなんとなく構えてもそうした筋道は自然とクリアしていた人間ということなのでしょう」

どんな楽器であれ、身体、とくに指などは超絶的な動きを要求されたりするのだから、身体をいかに用いるかということは意識されているとは思うが、テクニックを発

甲野式フルートの構え方

左手でフルートをぶら下げた状態から上に上げるように持つ

右肩が上がらないように右手の甲でフルートを水平方向に上げる

右手の親指の背、次いで側面でフルートを支える

ほかのすべての指をフルートの上部にまわす

揮しやすい姿勢という程度に考えて、身体全体が音を生みだしているという発想は希薄なのかもしれない。これも、身体観の違いということができるだろう。

バイオリンは、三歳から小型の楽器で練習させるべしとされているが、それはまだ演奏はできなくとも、骨の柔らかいうちに、骨をずらしておくためだという。

本当に、それが唯一《ゆいいつ》の「正しい」構え方なのだろうか。

ピアノやフルートで腱鞘炎《けんしょうえん》になったり、ビオラで腰を痛めるなど、どんな楽器でも、身体を痛める演奏家が多いという。職業病のように思ってあきらめている人も多いそうだが、身体になにかしら無理のある、局所に負担のかかるような構えや動きをしているということだろう。身体を壊すことが大変というより、そのような身体の使い方をよしとさせている身体観に疑問を感じてもいいのかもしれない。

音楽家たちのワークショップの参加者の一人が、十八世紀のものという一メートル以上もありそうなフルートを出してきて、長すぎて、ふつうに構えると身体的にきつくて吹けないのだが、いい方法はないかと質問したとき、甲野には、それは無理な長さに思えなかったようで、なんなく構えてしまったが、甲野によれば、それは抜刀術の身体の使い方をその場で応用したとのことだった。

また白川氏は最近、百十四年前に作られた洋白のフルートを入手したが、それは吹口が素朴で、今日の演奏家からは吹きにくいと敬遠されているものだという。白川氏も、今の演奏スタイルに変わっていなければ吹きこなせなかったはずで、その出会いのタイミングに縁を感じたという。二〇〇四年夏に行われた白川氏のリサイタルで演奏された、そのフルートの音色には、現代の楽器より、ふくよかな響きが感じられた。

昔の楽器を演奏しにくいものと感じさせているのは、今日の楽器が改良されたからというより、楽器に向かう身体が変わったからなのではないだろうか。音楽的感性の前提にある身体観の変化が、楽器を変えてきたのではないか。

身体観の変容は、ナンバを失ったと語りうる日本だけでなく、西洋においても起こったことなのだ。

日常生活への波及

ところで、甲野が思いついたピアノやフルートの構え方は、赤ん坊の抱き方にも応用できるという。

「赤ん坊を抱くことになれていない人は、よく腱鞘炎になったりするそうですが、いきなり抱いてしまうと、腕が肩につながっていっしょにあがってしまいますから、肩を落として、まず片手で抱きながら、もう一方の手は、甲を上にしてその手の元にある肩を沈めるようにしてから赤ん坊の身体の下に入れて、それから肩の感じを変えずに肘から先だけ動かして掌を返すと、肩への負担が全然違ってきます」

武術と楽器演奏とに共通する身体の使い方は、このように日常生活にも共通するのである。白川氏も、甲野の技を学びながら、日常生活のなかでの身体と、演奏するときの身体とが、同じ身体だということに気づいた。演奏のときだけ、すばらしい身体であることなどできるわけがない。

「子供時代に雑巾《ぞうきん》がけや家事手伝いをしていた人たちは、それなりの身体ができてるからまだいいけれど、私たちの世代では、そういう身体感覚がないから、ちょっとしたことでも力んでしまったりするのですね。

このあいだ、我が家の掃除機が壊れて、結婚してから初めてかもしれない雑巾がけをしました。もし、手だけでやっていたら、疲れてうまくできなかったでしょうが、甲野先生のところにいっていたおかげで、『身体全体の力をうまく伝えるにはどう動いたらいいいかな』と考えながら、自分の身体と向かい合いながらやれたので、けっこう楽しめて、あっというまにピカピカになり、ああ布切れ一枚でこんなにすがすがしいと感じて、とても気持ち良かったです」

体幹部のバランス感覚を養う訓練として、甲野は一本歯の下駄を履いて歩くことを奨《すす》めているが、白川氏はそれをフルートの練習時とともに日常でも履くようにしているという。「ルームシューズがわりにして、台所仕事のときに履いています。

最初は、お皿を洗うときもシンクにもたれていましたが、今は少し離れて、しゃんと立ってやっています。シンクから遠くなるし、高くなるので少ししゃがまないといけなくて、大変ですが、筋肉トレーニングやるよりはよっぽどいいです。

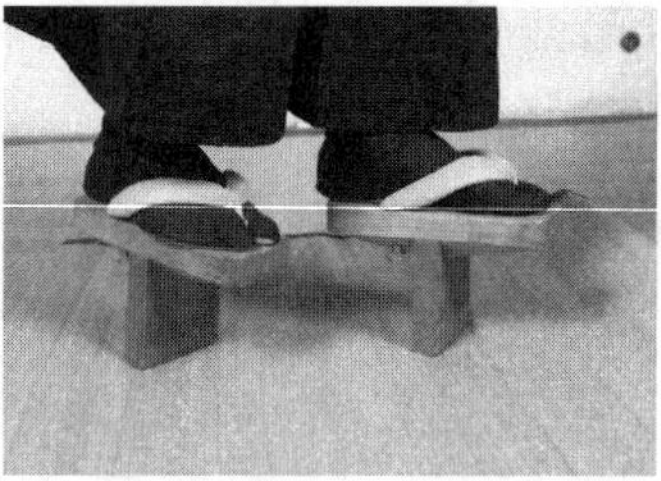

一本歯の高下駄

無理のない程度です。

茶碗《ちゃわん》を洗って、それをかごに移すというのは、まだまだぎごちないけれど、疲れないんですよ。包丁を使うときも、以前は、演奏のことがありますから、指を切らないように、強く握り締めていたのですが、その上半身の力が抜けました。

外出して帰ってきても、朝起きても、『ああ一本歯、履きたい』って思うんです。寝るときにはまだ力が入ってるみたいで。

私はずっと、家事は大嫌いだったんです。それが身体《からだ》の使い方を考えるようになったら、少し楽しくなりましたね。

笛さえ吹ければいいというものでなく、包丁をこんな使い方してるうちは、フルートもまだまだだったのねということがわかりました。いつか、武術と同じで、準備も予備練習もなく、ふだんと同じ感覚で吹けるようになるのが理想ですよね」

もちろん外出するときも、歩きながら足裏の感覚を意識し、駅のホームで電車を待つあいだも立ち方を工夫しながら息を確かめたりしている。

「毎日、そのことしか考えなくなっていますね。すごく面白い。それがすべてフルートに反映されていますしね。また、身体と息が変わってきたことがテクニック的なことだけではなくて、音楽の作り方にも反映されています。それは、私があるのではなくて、まず作品があるということです。自分を排除すればするほど、作品の個性がきわだってくるんですね。ああ、こっちの方向に行けばいいんだと、霧がはれてきたような思いがしています」

白川氏は、甲野に会う以前から、自分のめざすものを知っていたし、それを持つ優れた師にも恵まれていた。だが、そこへ向かう道筋がわからなかった。甲野に出会ったことは、その道筋、具体的なアプローチの仕方をもたらしたと言えるだろう。

そうして見出《みいだ》されたのは、「正しいこと」として教えられてきた技法とは大きく違うものであり、演奏で実践することはともかく、表立って語るとなれば、いささか不都合なこともある。

「身体の感覚は人それぞれですし、外見からだけでは、中で起こっていることはわかりません。でも姿勢ひとつとっても、すでに世に多く出ている教則本とは大きく異なり、それにたずさわった先達の方々に弓を引いているのと同じことになってしまうのでは、との思いもあり、あまり話さないようにしてきました。でも、考えてみれば、人それぞれならば、選択肢の一つとして、自分にとっての新たな発見を語れば良いのだと思い直しました」

本書のための取材には、逡巡《しゅんじゅん》の上、覚悟を決めて、応じていただいたのだった。それは、技を追求するという生き方を選ぶという決心でもあっただろう。甲野の影響は、たんにノウハウの発見ではなく、その技術を追求する姿勢、つまりは生き方にもかかわってこざるをえなかったのである。

インタビューの数日後、白川氏からいただいたメールには、次のように書かれていた。

「甲野先生と巡り合えて、幸せだけれど、漠然と妙な不安な感じも抱いていたのですが、こういうことだったのか、とようやく解《わか》りました。

今や、甲野先生を見ていたり、身体のことを考えたり、息自体のことを考えることが、私にはフルートよりもおもしろくなってしまってきているのです（今まで無自覚でしたが）。

ちょっと、これは、甲野先生の影響が強すぎて、まずいんじゃないかと思い、この話を翌日フルートの師匠にしたところ、昨年亡《な》くなられた日本フルート界の巨匠吉田《よしだ》雅夫《まさお》先生が、晩年『昔は〝いい音〟を出すためにずっと息のことを考えてきたけれど、この頃は〝いい息〟を捜すためにフルートを吹いているんだよ。全《すべ》ては息のためなんだよね』ということをおっしゃっていたよ、と笑いながら話してくださいました。

この話をうかがい、巨匠にも師匠にも及ばない私は、これはもう吹いて行くしかないな、と思いました。

甲野先生がご自分の技を日々進化させ、求め続けていらっしゃるように、そこには遥《はる》かおよばないにせよ、少しでも近くへ行きたいのであれば、フルートを吹いて行くことが私の『息』を見つける道なのです。

今までは、ただ、楽しくて、ほめられると嬉《うれ》しくて吹いているだけだったのですが、甲野先生と出会ってから、本当に沢山のことを考えさせられました。

これが一番の『甲野先生効果』の大きな表われです」

介護流柔術の波紋

甲野の技の応用で、今後もっとも多くの人から関心を持たれそうに思われるのが介護の技術である。

これからの日本社会では、ますます切実に必要とされるだろう介護技術だが、今日の資格認定試験や学校教育等で「正しい」とされている技術が現実にはかなり無理のあるものだということは、現場にいる多くの人が実感していることらしい。

それで、介護士などのプロからも、また家庭に要介護者のいる人たちからも、甲野の技が注目されているのである。むろん、誰にとっても他人《ひと》ごとではなく、明日にも必要になるかもしれない技術である。

「私は『介護流柔術』と呼んだりしているのですが、この武術を介護に応用した動きは、たとえば横になっている人を起こすときや、床に座っている人を立たせるときなど、武術と同じように、局所に負担がかからない動きで、自分の体重や相手の体重をうまく利用して行います。そうすれば、自分の身体を壊すこともないし、相手も力ずくで動かされるよりも心地いいものなのです」

では、その具体的な事例をいくつか、甲野自身による説明で紹介してみよう。

1　上体起こしA――寝ている人を起こす――

寝ている人の右側に片膝《かたひざ》（ここでは右膝）を立てて座り、相手の右肩の下に膝を軽く入れます。次に寝ている人の左手を引き、左肩の下に、こちらの右手の甲を上にした状態で差し入れ、それからこの右手を返して掌を上にします。こうするほうが、受ける人が不快感を感じませんし、こちらも肩があがりません。それから寝ている人の首の下に、こちらの左手の甲を上にして差し入れ、相手を抱え込むようにして、いったん体重を後ろへかけて倒れるようにして、すぐに元に戻し、相手に起きあがるような動きが起こるのに同調して、ふたたび後ろへ倒れこむようにして、一気に起こします。

1　上体起こしB――寝ている人を起こす――

これは、Aにくらべてずっと難度が高い動きです。被介護者を起こす側の介護者の技術が上達してくると、こういうことも出来るという例です（ただ、なかには数分間の指導で出来るようになった人もいました）。

寝ている被介護者の右に右足を立てて座り、左手を寝ている人の首の下に入れ、膝から下を床につけている左足のその部分全体を浮かすようにして片膝を立てている右大腿部《だいたいぶ》を沈ませるように使い、左手一本で相手を起します。この動きは普通に見ているとよほど腕力があるようにしか見えませんが、実際は腕の力はほとんど使わず身体の内側での身体の沈みを利用しています。

この動きは、Aでは難しい、起きるのを嫌がっている人に対しても有効な動きで、よく起こされる側の人に驚かれます。

2　添え立ち―長座で座っている人を立たせる―

足を投げ出して長座で座っている人の後ろにしゃがんで、掌を上にして両手を脇《わき》に差し入れ、座っている人に腕組みをしてもらい、その腕組みしているところに両手をかけてから、少し後ろへ倒れるようにして、足の位置を確認し（近すぎると一緒に倒れますし遠すぎると上がりません）、さらに本格的に倒れ込むその体重で座っている人が浮いてきます。そこでさらに倒れ込んで相手を浮かして流れに乗り一気に立ち上がります。

1．上体起こしA

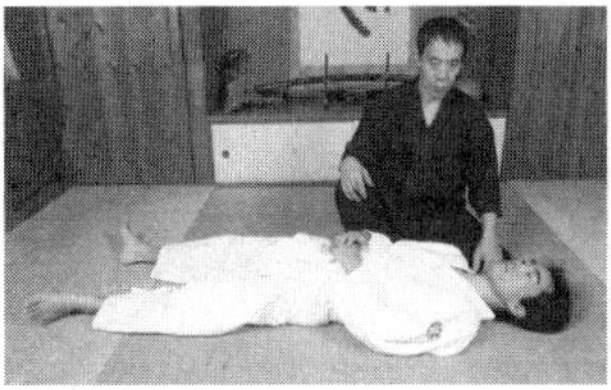

①相手の右側に座る

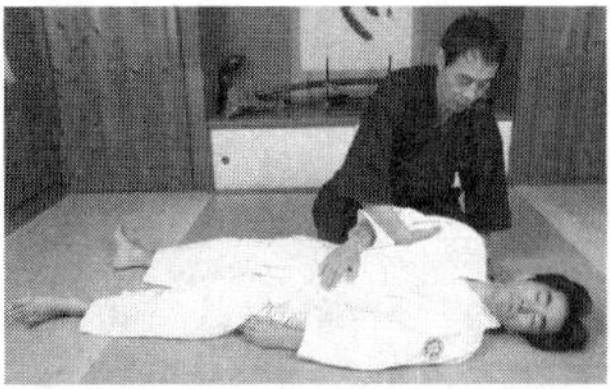

②相手の右肩下に膝を入れる

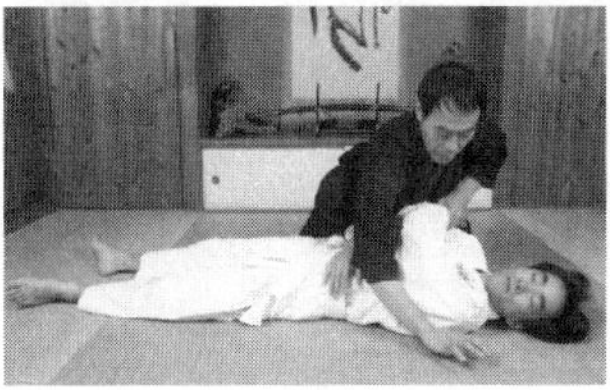

③右手の甲を上にして相手の肩の下に入れる

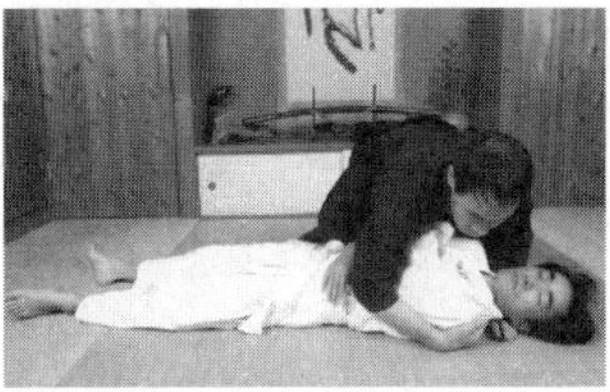

④右手は肘から返し、左手は首の下に

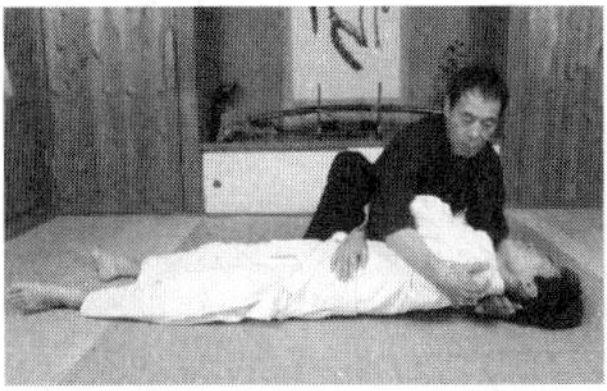

⑤ここで相手をローリングさせ

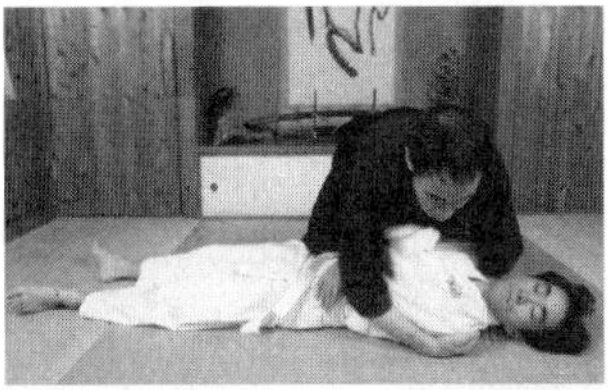

⑥次に逆方向にローリング

⑦後方へ捨身をかけて相手を浮かし

⑧無理なく相手を起こす

1．上体起こしB

①右足を立てて座る

②左手を寝ている人の首の下へ、右手の助けを借りて手の甲を上にして入れる

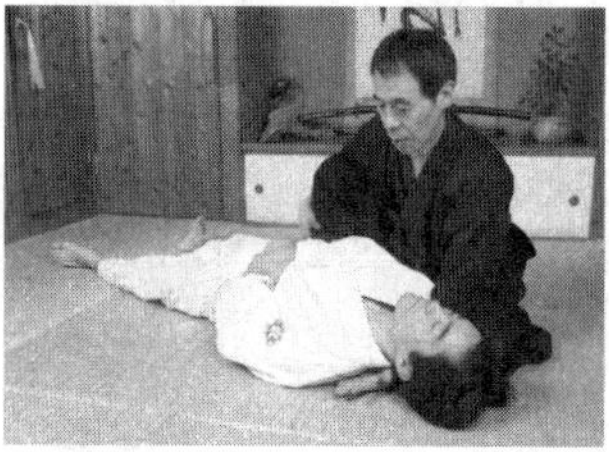

③左手を返して掌を上へ。右手は離す

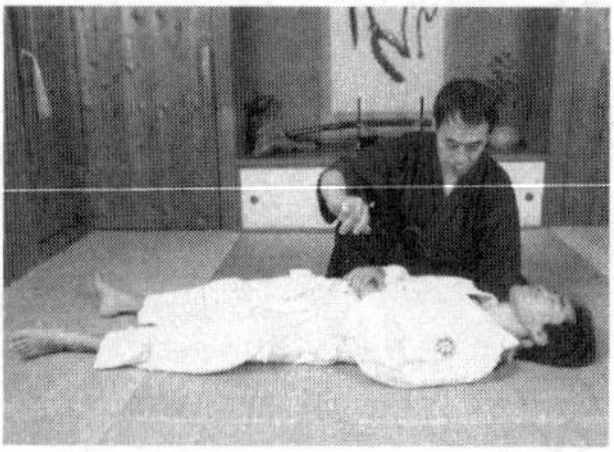

④左足の膝から足の甲までの全体を浮かし、身体全体をつるべのように使って

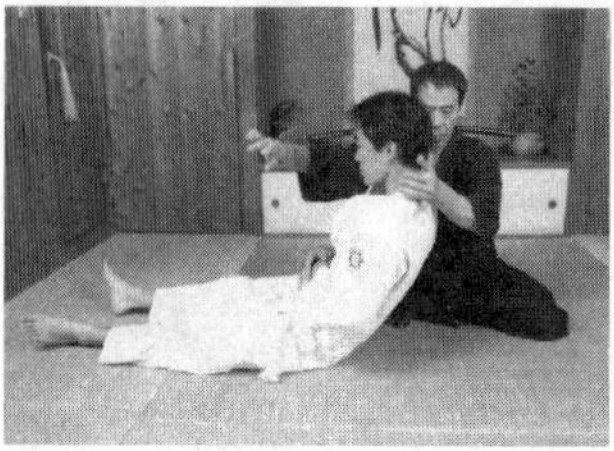

⑤左半身の重心を右半身へと移動させ相手を起こす

⑥相手に触れているのは左手だけだが、両手を使うAよりも有効

2．添え立ち

①半身を起こし長座で座っている人の後ろにしゃがむ

②掌を上にして両手を脇へ。座っている人に腕組みしてもらい、その上に手をかける

③少し後ろへ倒れて足の位置を確認する

④腰をあげて、さらに倒れ込む準備をする

⑤さらに倒れ込んで相手を浮かし、その流れにのって一気に立ち上がる

⑥相手が大きい場合は上腹部に両腕をまわして行ったほうが楽

3　立位補助―椅子《いす》から立たせる―

これは、私が介護に関わるようになったキッカケともいえる技で、椅子に座っている人の左側に腰掛け、右手は相手の背に、左手は胸に添え、前に軽く揺すり、相手が後ろに戻ろうとする動きにあわせて、それよりやや早く後ろに揺すって、また前に戻ろうとする動きを誘発し、その機をとらえて両脇に手を添えて一気に立たせます。

4　浮き取り―全介護状態で、まったく足が使えない人を椅子から抱え上げる―

これは「平蜘蛛返し《ひらぐもがえし》」と同じように足裏の垂直離陸を使って、自分の足で体重を支えられない人を抱き上げる方法です。筋力だけで抱き上げるより、ずっと楽です。

座っている人の右太腿の下に外側から左手を手の甲を上にして差し入れてから返し、右手も左脇の下から背中に同じように入れます。そこで、足裏全体をつま先も踵《かかと》も同じように上方へ浮かすようにしつつ、腰を落とすと同時に一気に抱え上げます。

ピタリと決まると、なぜこんなにらくらくと抱え上げられるのか、自分でやっていても不思議に思えるほどで、この技の原理の核の部分は自分でもよくわかりません。

先日、ある会で失敗学の畑村洋太郎先生とトークを行い、その際、この動きを多くの科学者の方にも見ていただいたのですが、力でやれば大腿部が上がってくるのに、技

３．立位補助

①椅子に座っている人の左側に腰掛ける ⬇

②右手は相手の背に、左手は胸に添え、前に軽く揺すって反応をみる ⬇

③相手が後ろへ戻ろうとする動きにあわせ、それより早く後ろに揺する ⬆

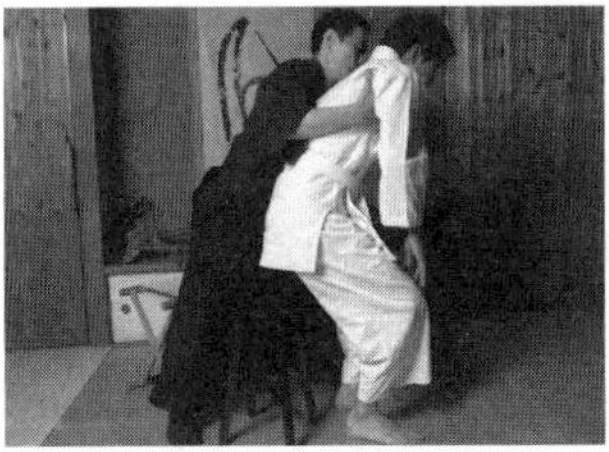

④それによって前に戻る動きを誘発し、身体を添わせて ⬇

⑤一気に立たせる

4．浮き取り

①座っている人の右太腿の下へ外側から左手を入れる。右手は左脇の下から背中へ

②左手の掌を返す

③足裏全体を上方へ浮かしつつ

④腰を落とすと同時に一気に抱え上げる。動きが決まれば、大腿部が腰かけていたときの角度とあまり変わらず上がってくる

ただ力で上げようとするとこのように腰が上がらず、大腿部が上がってしまう

が決まるとなぜそうならないのかについて、東大の物理学専攻のH教授も「これは不思議としか言いようがない」とコメントされていました。

介護の悲惨な現状

甲野の「介護流柔術」を取り入れている介護福祉士の一人に会った。

「自分は十年間、障害者施設や老人ホームなどの一番きつい現場で、ずっと介護をやってきたという自負があるんです」

岡田慎一郎氏は現在、東洋パラメディカル学院その他で介護技術の講師をつとめている。だが、「現場を知らない先生にはなりたくない」と、かつて働いていた福祉施設にいつでも手伝いに行けるようにしているという。そう考える背景には、今日の介護技術の専門家たちの教える技術が、実際には通用しないものが多いという実感があるからだ。

岡田氏は、高校卒業後、諸事情あって、入学した福祉の専門学校を三ヶ月で中退したが、たまたまその学校から紹介された障害者介護のボランティアをやったとき、「自暴自棄になっていた自分のことを迎え入れてくれたことに感銘をうけ」、以後、この道に入った。

ボランティアを二年間つづけた後、新設された施設のスタッフに誘われる。

「入ったところは、身体障害者の一番重度の方たちの施設で、ほとんどのことで介護が必要な方ばかりでした」

新設の施設だったから、岡田氏を指導してくれる先輩はいなかった。しかし専門学校で正式に学んでこなかった岡田氏には、「正しい」技術の知識がない。

「泳げないのに、いきなり海に入れられたようなものでした。

ですから、ベッドから車椅子に移動させるときも、最初は他の人たちの真似《まね》をしてやってみました。

一般的なやり方は、相撲でがっぷり四つに組むようにして、身体《からだ》を持ち上げます。ですから、入所者のズボンの後ろは、みんなゴムが伸びてゆるんでいます。自分がやられてみると、ものすごく違和感があるものです。

自分も、そのやり方で一、二度はやってみたけど、ひどく違和感があって、やめました。それで、ちょうど、同じ頃から格闘技をかじっていたので、そのやり方を応用してやってみたんです」

岡田氏のやっていた格闘技というのは、グローブをつけてやる空手で、その道場は、レスリングのようなタックルへの対応など、きわめて実戦的な研究をするところだった。

「自分は弱くて、すぐクリンチにいってたんです。相手の脇《わき》の下にもぐって、バテバテになってる状態でも体を入れ替えたり相手をふりまわしたりするんですけど、その技術が、ちょうど介護の技術にフィットするんじゃないか、相手にも負担がかからないんじゃないかと考えたんです。普通にやっても駄目でしたから。

自分には、こうするのが正しいという先入観がないんで、自分でそういう技術を作ったほうがいいんじゃないかと思ってやり始めたんです」

その方法は、他の人たちのやっている一般的なやり方より、腰に負担がかからなかった。動かされた相手からも、無理強いされているようなイヤな感じがしないと言ってもらえた。だが、同僚たちは、その方法を認めようとはしなかったという。

「最初は、ものすごくいやがらせを受けました。同僚から、『お前は人を物のように扱ってるんじゃないか』って言われたりしました。引っこ抜いて投げ捨てるようなやり方をしてる人たちから、そう言われるのもおかしなものですが、そうとう言われました。

これは格闘技の技術を応用していて、ちょっと見た目は悪いかもしれないけど、自分の腰にも、相手にも負担がかからない。入所者さんたちも、ふっと浮くような感じで気持ちいいよって言ってくれてます、聞いてみてくださいって言っても、なかなか批判はやまなかったです。

でも、そのうちに、すごく身体の大きな弛緩《しかん》状態の方が入所してくると、習ってきた基本通りのやり方では動かすことができなくて、仕方なく、本当はイヤだけど、『岡田ちょっとやってみれば』って声をかけてきて、それを自分がこともなげにひょいとやってしまうものですから、だんだん批判がなくなってきて、『まあ、あいつは仕方ないか』っていうふうになってきました。一、二ヶ月目からは文句を言わせないようになって、それから十年間、独自路線でやってきたんです。

その十年間、本当の最前線で介護専門で一日に何十人もベッドに上げ下ろししたり、お風呂《ふろ》に入れたり、一番負担がかかる仕事をやって、夜勤もちゃんとやってました。しかし、一度も腰痛《ようつう》になったことがないし、身体を壊したこともないです。

でも、同僚たちは一、二ヶ月でみんな身体をいためて、だましだましやって、一、二年くらいで、みんなやめていきました。スポーツをやっててものすごく力のある男性でも、教えられた介護の基本通りのやり方をやってたら、ヘルニアの手術はするし、やがて頸椎《けいつい》まできてしまう。神経までやられてしまうんです」

介護する人が、今度は要介護者になり、その人の介護をする人がまた要介護者になり、ということが冗談でなく、起こってしまいかねないのだ。その連鎖の果ては、いったい、どうなるのだろう。

教育課程が現実離れしているとすれば、正当なシステムのなかの順当な道を歩んだ人は、空洞化した知識しか得られない。正規のコースを外れて自分で歩んだ者は、「正しいこと」を教わらないおかげで、自分で考え工夫するチャンスを得られる。「正しいこと」は、人から生きる力を奪うものになっているわけである。

壮大な「介護ごっこ」

岡田氏が甲野を知ったのは、テレビ出演している姿を見てのことだった。

「この人の動きは何か違うぞと、印象に残りました。NHKの『人間講座』で介護の動きをやられてるのを見て、これは凄《すご》そうだなと思って、本を読んだりビデオを見たりした後で、稽古《けいこ》会《かい》に参加してみたんです。

実際に目の前で見て、その技を受けてみて、これなら違和感を感じないで入っていける世界だと、この技術なら習ってみたいなと思えました」

格闘技の技をもとに独自の介護技術を考案してきた岡田氏には、甲野の技術の異質性はすぐに理解できた。これが「正しい」と教えるのでなく、その場で考えながら実演してみせるような甲野の講座のやり方にも納得できるものがあった。当然、甲野の技を自分の仕事に応用できるようになるのも早かった。

「そのままコピーして使うのではなく、エッセンスとして応用、加工して使っています」

甲野も「技によっては、もう私より上手なぐらいですよ」と、その上達ぶりを称《たた》えているほどで、今では、学校のレギュラーの授業以外に、甲野のもとで知り合った仲間と「武術と介護のジョイント講習会」という講座を行うなど、その技術を中心に伝える場も広げている。

むろん、ところによっては、「マニュアル通りに教えなさい」という指示をされることもある。とくに初心者は、ホームヘルパーの資格を取ることを目的として受講しているので、資格取得用に、役に立たないことも教えざるをえない。

「そういうところでは、まず教科書通りにやってから、後で、これは雑談ですからって言って、皆さん、こういう質問はありませんかって、アリバイ作りして教えてます。大方の人は興味を持ってくれますが、なかには『お前の講習は遊びか。きちんと教科書に書いてあることをやればいいんだ』っていう評価を書いてくる生徒もいます」

　受講者は、本当に役立つ技術を身につけたいという人ばかりではない。資格取得だけが目的なら、たしかに教科書通りに教えてもらうだけでいい。現実には通用しない技術であっても、教科書通りに覚えなければ資格が取れないという現実もあるのだ。だが、そこには、その技術を用いて自分が生きていくという前提がない。

「その場その場でオーダーメイドで提供できるのが、介護だと思うんです。そこは武術と同じです。ちょっと待ってくれって言うわけにはいかないわけです。

　そういう対応ができない人たちが、腰をいためたりして苦行のようにしてやっている。どの相手に対しても同じ技術でしか対応できないことが、身体をいためる原因になっているんです」

　それにしても、介護のような、現実にできなければどうしようもない世界で、ちゃんと使える新たな技術を求める動きは他にないのだろうか。

　岡田氏は以前、介護講師のために催された、ヨーロッパで生まれた最新の看護介護技術という触れこみの講習会に参加したことがあるという。

「それは、利用者さんに負担をかけず、力を使わないでできる、理想的な介護技術だということでした」

その講習会で、最初にやったのは「上体起こし」だった。寝ている人の肩の下に手を差し入れ、頭をもって、力を入れずにロールしてゆくように起こしてゆくという方法だったという。受講者たちはペアを組んで、言われた通りに試みた。他の受講者たちは、次々と起きあがっていった。しかし岡田氏は、起こされなかった。

「力を入れないで、抜かないで、ただ普通に寝てる状態になって受けてみたんです。つまり障害者に近い状態ですね。私は五十七キロしかないんですよ、でも相手の方は起こせなくて、しまいに『この人、起きないんです』って言うんです。私は、しゃべれるような普通の状態で、どちらかといえば、まだサービスしてるくらいだったんですけど」

うまくいかないというので呼ばれた講師は「これは筋肉の力ではなく、技術の力なんです」と言いながら、岡田氏を起こそうとしたが、やはり起こせない。

「力じゃないって言ってるのに、ハアハア息を切らしてるんですよ。それで、『この人、なんで起きないのかしら』って言って、あげくに『あなたも起きようとする気を入れてください』って言うんです。

思わず、甲野先生が本に書かれていた、ある合気道家の話を思い出してしまいました。打ちこんだ手刀が師匠に当たってしまったら、『もっとちゃんと稽古していれば、わしの気を感じて打ちこめないはずだ』と怒られたという話です。思わずプッと吹きだしそうになりました。

でも、その講師の方は、ものすごく失礼なことを言ったと思うんです。現場で介護を受けている方たちは、誰も寝たままになりたくて介護を受けているわけじゃないんです。もし介護の現場でそんなことを言ったとしたら、あなたが動けないのは、私の技術がないからじゃなくて、あなたに受けようという気持ちがないからだって言ってるのと同じことです。この人は、講義のなかでは、すごく精神論的なすばらしいことを言ってるけど、いざ自分ができなくなると、なんてことを言いだすんだろうって、すごくさびしい気持ちになりました」

その講習は、丸一日続いたが、岡田氏はその後も、「安易な受け」はしなかったという。たとえば椅子《いす》に座っている人を立たせる実技では、立たせる役の相手に「お好みの筋肉の状態を言ってください」と、注文をとってから、受けるようにした。

「現場で使えるためには、現場に近い状態を作ってから、やるのがいいと思ったからです。結局、ほとんど通用しませんでした。

他の皆さんは、すぐに立ち上がるんです。受けてくれるんですね、やさしいから。皆さん、福祉の心があるなあと思いました。

私が起きないっていうんで、他の人たちが『岡田を起こせ』って集まってくるんですけど、誰も起こせない。全員、プロですよ。『皆さん、本当に現場でやってたの』って思いましたね。

相手が手伝ってくれないとできない技術なら、現場では通用しません。全介護の状態の人たちを介護できなければ、仕方がない。

でも、講師の方がおっしゃるには全介護状態の技術も『たぶんヨーロッパにはあるはずです』とのことでした。『この技術は、日本に入ってきてから二、三年しかたっていないので、まだ、ちゃんとはできないけど、先生から基礎を消化してから先へ進みなさいって言われてるので、まだ基礎の段階なのです。日本で全介護状態の技術が開発されるのは、四、五年先になると思います。それまで待ってもらえないでしょうか。この技術は、人間を物としてみないという、そういう精神がとてもすばらしいと思うんですよね』って、おっしゃいました。

でも、全介護状態の人たちに四、五年待てって言うわけにはいきませんよ。日ごとにひどくなるんですから。

それこそ、自分たちの権威のために、人のことを物あつかいしてないかって感じちゃったんです。

全介護状態の技術がないっていうのなら、なんで自分で編み出していこうとしないのかなって思うんです。先生が待てって言ったら、ハイって待ってて、そこから先へ行かないっていうのは変でしょう。まだ免状持ってないんでって言われても、そんなの関係ないでしょ。免状があったら介護できるわけじゃないんだから。

でも、講習会では、講師の先生に失礼がないように、みんなふるまっています。講習会では、講師は保護されてるんですよ。修了のはんこを捺《お》してもらえないから」

ヨーロッパの技術そのものが無力なのかどうかというより、相変わらずの舶来の最新技術への信仰や、なにより技術を伝えていく場に、問題があるようだ。

「その風景は、型稽古中心の武道の道場に似ていると思いました。ごく一部の例外は別として、ほとんどは、受けを取り合って、師匠を保護してる。自分は、格闘技の経験で、相手に受けてもらって喜ぶような武道は実際には通用しないっていうのを見てきました。介護の講習会は、さしずめそういうところの演武会ですね。

いっしょに格闘技やってた友人が、ある大手組織の道場を見て、『ものすごいスケールのでかい格闘技ごっこだな』って感想を言ってたんですけど、それを聞いて、そうか、介護講習会って、それこそ武道とは比較にならないくらい大きなスケールの『介護ごっこ』なんだと思いました。

今、ホームヘルパー二級をとるのに、八回のスクーリングと四日間の実習で、安いところで八万円から十万円ぐらい取るんです。ものすごい数の皆さんが受けてるんで、介護の講習会は、ものすごい産業なんですよ。何十億円という市場の『介護ごっこ』ですね」

介護保険の総費用は二〇〇三年度予算で約五兆四千億円。今後ますます成長する市場とみなされ、今なお参入する企業は多い。これから、いったい、どうなるのだろう。

プロとはどのような人のことか

岡田氏は、教える立場のときには、自分にとってチャレンジングな設定をして、みずからの技術の工夫の場にしているという。

「大きな人がきたら、『力抜いていいよ』と言ったうえでやるとか、講習会が私の一番の稽古場です。多くの方は、現場でやってるプロに教えることを嫌がりますが、私はそのほうが楽しいです。

だから甲野先生の講習会には、まったく違和感がなかったですね。その場で考えて工夫して、訂正もするというやり方です。先生のおかげで、こういうスタイルに確信を持てました。

技を学ぶのはもちろん、このスタイルへの確信、もっとこれで行こうという勇気を持たせてくれたことが大きいです。保護される状態を拒否するということです。五十五歳の今も日々進化する技を見せられて、これから歳《とし》を重ねることが楽しみになりました」

岡田氏は現在、武術の技法を応用した新たな介護技術を紹介する、甲野との共著を計画しているという。

「介護技術の本は、書店にいっぱい並んでますが、現実離れしたものも多く、その通りにやれば身体《からだ》を壊すような方法まで書いてあるんです。

それに、全介護状態の人は完全に無視されています。たとえばベッドからずり落ちた人をどうするか。ないです。あったとしても、頑張って二人であげましょう。あるいは、相手に利《き》くほうの手で手伝ってもらいましょう。それができない人はどうするんだよって。

でも、その基本でやらないと介護福祉士やヘルパーの資格は取れません。なぜか、ずーっとそのやり方でやってるんですね。本を書いている方々は、本当に現場の大変な仕事を体験されてきた方たちなのかなと疑問に感じています。

だからといって、私のやり方や甲野先生のやり方をスタンダードにしようと思っているわけじゃないんです。選択肢の一つとして提案できればいいかなと思っているんです」

権威となっている理知と現場の身体との乖離《かいり》は、技能を要する世界ではどこでも見られることだ。介護に限らず、教育課程や資格試験制度が利権の巣でしかない現況にあっては、現実に使える技術を伝えてゆくというだけのことが、巨大な利権システムへの攻撃となる。けっしてスムーズにはいかないだろうが、かといって現場の切実さを考えれば、現実に通用しない技術をいつまでも「正しいこと」としておくわけにもいかないだろう。

このような状況がこれまで続いてきたのは、身体を軽視し、身体を使う仕事を筋肉のなす仕事とみなしてきたためである。さらには、身体を使う労働者を消耗品とみなす発想さえあるだろう。そうでなければ、かならず身体を壊すような技法がずっと正規のものとされつづけるはずがない。

岡田氏はそのような介護士の状況を変えられるのは、プロとしての技術を持つことだと考える。

「今までなら、車椅子やベッドからずり落ちてしまった人は、二、三人がかりで持ち上げていました。しかし、『添え立ち』を使い、ラクラクと一人で介護したら、見る人は、さすがにプロは違うと思うはずです。そういう、これがプロだっていう技術を身につけて提案していかないと、いつまでも地位が低いままだと思うんです。そうならないかぎり介護福祉士は理学療法士や看護師のお手伝いとしかみなされない。それに、技術が生まれてくれば、もっと、やり甲斐《がい》や自信も出てくると思います。また、身体の使い方を工夫することで、身体を痛めず、介護をすることにより身体が鍛えられるようになれば、介護予防となり、介護保険医療費の抑制にもなりますしね」

現在、あらゆる業界から、プロはいなくなっている。

ある大きな病院の看護師から、「相手にあまり触れないで持ち上げる技術はないか」と聞かれたことがあるという。

「なんでかと思ったら、白衣が三枚しか支給されないから、汚れると困るって言うんですよ」

このような状況のなかで、プロであろうとすることは、それだけできっと孤立化を招くだろう。だが医療のように権威で隠蔽《いんぺい》することのできない介護の現場では、いやおうなく身体が露《あら》わになる。その身体が、空洞化したシステムを突き崩す日は遠くないかもしれない。そうでなければ、あまりにも悲惨なことになりそうだ。

さいわい、朗報もある。

「何かこれまでと違うものがあるぞっていうことは、受け入れられるようになってきましたね」

リハビリの展開

神奈川リハビリテーション病院の理学療法士、北村啓《きたむらけい》氏は、二〇〇〇年二月に初めて甲野を理学療法士の講習会に招いたおりには周囲から白眼視されたが、最近では、従来の運動生理学にないような考え方も頭から拒絶されることは少なくなり、むしろ違う何かを求める空気も生まれてきたというのである。

むろんその背景には、さきに岡田氏が話してくれたような悲惨な現状があろう。このままでは駄目だという思いは広がっているという。

北村氏が甲野の技をリハビリの世界に取り入れた経緯などについては、拙著『不安定だから強い―武術家・甲野善紀の世界』（晶文社）に紹介してあるので、そちらを見ていただければと思う。

甲野の武術に出会った北村氏は、その術的な動きをリハビリの現場に取り入れ、身体の使い方をさまざまに工夫してきた。しかし、外から見た身体の使い方の研究は、限界にぶつかってしまう。

「たとえばマイケル・ジョーダンのビデオとかを見たりして、ああ、こんなに違う動きをしてるぞって感心したりしてたんだけど、じゃあ、自分がどうすればいいのかっていうところで、答えが出ない。そこからは感覚の世界に入っていかないといけないから。

臨床技術というのは技ですから、誰がやっても同じにはならないよっていうことです。講習会で、ある方法論を紹介すると、よく『では、明日からどうすればいいですか』って質問を受けるんだけど、そういうときの主語は誰かってことが問題です。たとえば甲野先生が、『この状況ではどうしますか』って聞かれて、『私なら、こうします』って答えても、じゃあ、その人はできるのかって話になるわけでしょう。

技術というのは、誰でも同じにできるという発想に立っていて、マクドナルドの店頭に誰が立っていようと同じ笑顔であるべきだというようなマニュアル的な発想だと思うんですよ。だけど技は、たとえ同じ方法でも、誰がやるかによって結果は違う。発想が違うんだよね。

そのことを、僕は武術から学んだように思います」

主語が違えば、すべてが違う。

ということは、「身体の使い方の合理性の解釈の問題だけでやっていても、行き詰まってしまう」ということになる。

そこで前提となる身体観の問題にぶつかることになった。

北村氏は、甲野とも親交のある身体教育研究所主宰の野口裕之《のぐちひろゆき》氏の内観的身体技法を学びながら、リハビリをすべてその技法をベースとしたものに転換し、技としてのリハビリをさらに追求しつづけている。それは、客観的な構造としての身体を対象とせず、つねに生成し転変する感覚的身体、つまりは生きているものを対象とする技法である。

北村氏は、そこで学んだ「力と緊張と運動の分別」ということが、大きなヒントになったという。

「なにげなく使っている『力』という言葉や、あの人は動けないとか歩けないと言うときにも、その背景には身体観があるわけですよ。言葉は怖いよね。そこから考え直してみざるをえなくなったわけです。

たとえば『力』って、何のことかってことで言えば、一般的に言って、力持ちがえらいと思われているかというと、そうでもないでしょう。あるいは、はしゃぎまわる子が元気なのか、じっと集中できる子が元気なのかって言われても、答えられない。近代人は、そういう矛盾を抱えてる。

それは『力』というもののとらえ方に問題があるということです」

現代の生理学がとらえている「力」は、筋力のことである。大脳からの指令が神経を伝わって筋肉を収縮させて「力」を発生させるということになっている。

「そういう構造で見ちゃうから、力と緊張の区別がつかなくなってるんだよね。

その一方では、生活実感として、緊張すると力が出ないし運動もできない。運動すれば緊張も力も入らない。力を入れちゃうと動きがぎごちなくなるというような体験は、誰でもしてるでしょ。

そこの分別を、臨床では一から見直さなきゃいけないんです。

すべてを筋肉モデルで考えたあげくに、歩けないのも立てないのも力がないからと言い、一方で力が入りすぎてるからだって言うような矛盾した言いようがあるというのも、その分別ができてないからです。

介護のとき、屈強な男が持ち上げようとしても上がらないのに、小柄な女の子がひょいと持ち上げたりするというようなことは、我々はたくさん体験してきてますよ。

なぜ、そんなことが起こるのか。『力』というものを、もう一度とらえなおすことが必要なんです。

屈強な男性が筋肉を緊張させて持ち上げようとすれば、相手も同じように緊張して、緊張同士のぶつかりあいになってしまうから、動けなくなる。

自分は相手に緊張を伝えたいのか、力を伝えたいのか、運動を伝えたいのかという分別ができていないために起こることです。

だから、この三つの分別は非常に重要なことなんだけど、その分別をするのは、感覚ですよね。

方法論を研究して、じゃあ臨床でどうしますかって質問をするのは、マニュアルに力があると考えてるわけでしょ。でも、技であれば、主語が誰かによって変わるわけだから、その主語がどう変われるかっていう問題が出てくる。その主語が、まだ機械論であるうちは、感覚の世界に入れないってことです。

そうすると、関係性の世界を考えざるをえなくなるでしょ」

生きている身体は、構築されたメカニズムではなく、はじめから関係性をはらんだ身体であり、即興的な生成と転変のやむことなき流れとしてある。

そこは、さまざまな感覚が響きあって生成する世界であり、そこに緊張があれば、他にも緊張の世界が生まれる。運動は運動の世界を、力は力の世界を生む。そのような感応性のうえに身体はある。

「起きあがりや車椅子《いす》に移るときにも、やる側がどんな態度でいるかが、相手にどんな態度をとるかを呼び起こすんだってことです。看護師の態度で、決まっちゃうんだよね。

リウマチで膝《ひざ》の手術をした患者さんが、ベッドで足をたらして座っていて、はじめて車椅子に移るってときに、『さあ、行きましょうか』って肩に手をかけようとした瞬間に、ふっと動いたということがありました。すごく不思議な印象でしたけど、きっと速度感か何かが同調したんでしょうね。

そういうときは、自分で動いたのか、動かされたのかわからない。だから、本人も不思議な感じがするんですけど、そういう感覚体験をすることが重要なんです。ときには医学的には説明できないような出来事も起こりますよ。神経が損傷していて動かないはずとされる部位に、ふいに動きが起こったりね」

そうした出来事は、信じがたい治癒《ちゆ》例などとみなされるべきことではない。治癒したわけではなく、思い込んでいたのとは違う自分の身体を体験したのである。

そのとき、自分の身体が、よくわからないものに変貌《へんぼう》する。自分の知らない身体が出現したのだ。その驚きが、人を変える。

「そういう体験をすることで、生き生きしてくるんです。感覚経験が生きる力になる。『こうして、こうやれば、こうなるよ、だから頑張れ』っていうのは、力にならない。思いがけない、違う自分を発見するから、生き生きするんです」

みずからの身体《からだ》のうちに、秘境が広がっている。その片鱗《へんりん》の出現を体験し、驚くことから、人はみずからの身体を感覚的にとらえるようになる。動けないのは、構造としてとらえた身体であり、生きて転変する感覚的な身体としての人生には、いまだ追求されてこなかった無限の領野が広がっているのではないか。その一端を垣間見《かいまみ》た衝撃が、人を元気にするのである。

そのようなリハビリは、甲野の技を体験して、みずからの身体の別の可能性に気づき、それぞれの活動に新たな道を模索している人々と、じつは同じ過程にある。

甲野の技がミラクルなものに見えて驚いた人々が、次に出会うのは、自分がそれまで知らなかった自分自身の身体であり、その驚きのさざなみが、生きてゆく力を育て、制度性のうちに安住せずに技を追求する人生を歩ませている。

構造とは、認知のためのフィクションである。その構造上の因果関係で説明できる物語は、あらかじめ構造のなかに内包されている順序通りの展開にすぎないから、ウエルメイドな楽しさはありえても、感動にはならない。失敗の苦々しさはありえても、

「やられた！」という爽快感《そうかいかん》などありえない。

いい学校を出て、いい会社に入って、大きな葬式を出しましたという人生がなぜ面白くないのかといえば、その展開が、社会の構造のなかに内包された典型的な筋道のままだからである。どこをどう頑張れば成功できるかという要点をうまくおさえて要領よく生きることは、競技に必要な筋力を中心にしっかり鍛えようという科学的トレーニングに似ている。トレーニングは、競技でも生活でもない。将来に向けての努力である。鍛えられているのは、生きている今とは無縁な身体である。構造として鍛錬されるのは、時間が止まっている身体なのだ。

受験勉強で「正しい知識」を暗記するように、「正しい筋肉」を鍛える。どちらも生きることと切り離された、時間なき構築だ。

構造には、感覚は存在しない。メカニズムと情報があるだけ。緊張も、力も、運動も、メカニックな経過や局面にすぎない。

だが感覚に目を向ければ、我々の日常の体験は、そのようなメカニズムでは説明できないことばかりである。

だから構造をはみだした現象は、神秘的と感じられると同時に、ごく当たり前なこととも感じられる。なぜなら、これまで機械性に奪われていた身体が、生きているものになるというだけのことなのだから。ただ、生きているもののことを、我々はあまりにも知らない。その未知の領野の無限の広がりに神秘性を感じるのもまた当然なのである。

この秘境は、理知的に機械性に回収することはできない。ただそこで生きることができるだけである。

カウンセリングと武術

甲野が「大親友」と呼ぶ名越康文《なこしやすふみ》氏は、大阪でクリニックを開いている精神科医で、甲野とは、二人をよく知るある人物が「魂の双子」と評したほどに、たがいに深い共感を抱きながら親密な関係を持ちつづけている。

それだけに、今、甲野がこれほどに社会的な注目を集めていることに名越氏は、感慨を覚えずにいられないようだ。

「五年前には、こんなふうに甲野先生が世に出ることがあるとは思えなかったです。不思議現象は、自動的に人間の認知から排除されますよね。あまりにもスポーツなんかと違いすぎるから、僕が生きているあいだに陽の目を見ることはないんじゃないかとさえ思ってたんです。

それが、ある瞬間から、急にばたばたと伝染していった。社会現象というのは、ある臨界点を超えると、倍々ゲームみたいに広がっていきますが、それを目《ま》の当たりにしているような気がしましたね。

身体性への注目ということは、この十年か二十年、ずっと言われてきたことです。でも、それは、たとえば現象学が、現象学とはどのような学であるべきかと論じられることにその大半のエネルギーを費やされてきたのと同じように、身体性についての学問を打ちたてるための助走をしてきた期間だったと思うんです。

つまり、これまで、身体性という言葉は、お題目だった、幽霊だったと言っていいと思うんです。

その助走が十年、二十年と続いてきたところに、甲野先生を始めとする、今までにはない、うずもれていた身体的な技法とか観察眼を持った人々がようやく出現したということで、新しいフェイズに入ったのかなと思っています。ですから、甲野先生の出現はセンセーショナルだったと思います」

たしかに、これまで哲学などの分野では、あれほど身体論がさかんでありながら、なぜかそこに具体的な身体があった例《ためし》がなかった。今、これだけ甲野とその技の動きが注目され、社会的に認知されたからには、そうした分野にもこれから影響が現れてくることになるのだろう。

出会ったときの驚き

名越氏が甲野に出会ったのは、一九九三年二月に奈良で行われた甲野の講演会でのことだった。居合を学んでいた名越氏は、まずは「こんなすごい技があるのか」という驚きを覚えた。だが、それ以上に感動したのは、甲野が「運命論」を語ったときだったという。

甲野は若き日に、「人間の運命は決まっているのか、いないのか」という問題に煩《はん》悶《もん》したすえに、「運命は、決まっているが、同時にまったく自由である」という結論にたどりついた。その考えには確信があったが、これを観念的な理解に終わらせず、身体を通じて実感したいと思い、そのために武道を学びはじめた。生きるか死ぬかが一瞬の行動によって決せられる場面こそは、運命と自己決定という矛盾する二面が同時に鮮やかに顕在化する場であり、その場での振舞い方としての技を探求することが、そのことの実感を深めることになるだろうと考えたのである。甲野が武術の道に進んだ動機であり、今なお追求している課題である。

名越氏はその考えを聞いて、すぐに納得したわけではなかったという。

「その頃の僕の実感は、運命はまったく決まっているというものだったんです。キリスト教と縁が深かったこともあって、僕のなかでは、もう煮詰まっていた考えでした。だから、決まっているということはわかるけども、自由だということがわからなかったんです。

でも、その一方で、こんなばかげたことを、僕より一回りくらい年上の人が、未《いま》だに考え続けていて、生存していられる。そのことが驚きでした。

僕は、こんなことにこだわっていると、気が狂ってしまうと思ってたから。狂わないまでも、完全に隠遁《いんとん》生活しないと食うていけないと思ってたんです。ところが、ここにちゃんと生きていて、しかも百人ぐらいの人の前で講演までしてるっていうのが、ものすごく不思議だったんです」

講演の後、心躍る思いで名越氏は、話しかける機会を待った。そして、運命論について質問しようと話しかけたとたんに、甲野はさっと名越氏のほうに向きなおり、「これは私の身体的な実感です。抜きがたい実感ですから、これが変わるということはありません」と言ったという。

「僕は、あいた口がふさがりませんでした。この人は、僕よりずっとマジにこういうことを考えてきたんだなって、こんな奇妙な、すっとんきょうなことを、すごい密度で考えてきたんだなってことが、なんとなくわかったわけ。その迫力に負けて、聞きたいことが全部すっとんで、ハアと言ったきり、その後はずっと沈黙してたと思います」

その出会いが、まもなく深い交流になり、やがて電話での濃密な会話が始まった。

「四年ぐらいの間、週に五日はどっちかから電話してました。一呼吸で一時間半から、二時間くらい過ぎてる感じでしたね。内容は、人間の観察です。出会った人のこと、あったことを話して、その人のことを根掘り葉掘り吟味することを延々と続けてたんです」

空間の共有

そうしてほぼ毎晩のように、人の観察や分析を語り合ったという二人だが、名越氏には甲野の技をカウンセリングに応用するというようなつもりがあったわけではなかった。だが、結果としては、大きな影響があったという。

「甲野先生の技というのは、物語を越えてるでしょ。コマ落としみたいになって。

それまでの僕のカウンセリングっていうのは、一からずっと話を聞いていくもので、その段階ではそれも非常に大切なことでしたけど、その物語に自分が取りこまれてしまって、そこからの展開に移れないということがあったんです。それが、甲野先生の技を経験したり見たりしているうちに、その人とある種のシンクロ状態というか同調するというか、これは甲野先生に紹介していただいた身体教育研究所の野口裕之先生の影響と渾然《こんぜん》一体となっている部分ですけれど、身体と身体とが出会って同調が起こったときには、展開が一足飛びになったり、突然、違うフェイズが生まれたりするようになったんですね。

言葉で通じているときには、必然的にカウンセリングという場面では物語性を帯びるわけですが、それが身体を介した場合には、そういう世界がありうる。そういうことを、知らない間に学ばせてもらったという気がします。そう考えてやったというんじゃないんだけど、人と接するときの間合いというのかな、中間段階を抜いて、回り舞台みたいに瞬間にフェイズが移ったりするようなことが、日常化したということです。それは、意識的に変えてやろうとするわけではないんです。それだと、甲野先生の理論で言う、詰まりが起こる。力ずくに、ナマの力になりますから。

甲野先生の技に接することで、瞬間的な飛躍が起こるということが僕の日常の空気になってしまっていて、それが自然に僕のスタイルを形成したということは否定できないという気がします。

甲野先生の作りあげてる技の空間を、僕も、非常にレベルは低いけれども、共有させてもらっていて、それが自分の生きているいつもの風景になってるんだと思うんです。

ですから、影響を受けたのは、ハウツウ的なことでなく、自分のなかで渇望《かつぼう》してる、身体的に求めてるものを得るためにいあわせてる場が、甲野先生の空間であったり技であったりするということです。そういうものが僕の身体のなかの感受性のようなものを変えていって、診療の場面にも影響を与えていると思うんです。それは、診療のためという限定されたことでなく、僕が存在しつづけるために、僕がこれからの人生を展開するために必要だから、そこにいるんです」

これまでに登場していただいた方々と同様に、名越氏も、甲野という存在と響きあいながら、そのこと自体からの影響を受けてきたようだ。

甲野の技に驚くことによって、みずからの身体を未知なる領野と化した人々は、自分が今いかなる身体としてあるかということを意識するようになる。そこからは、存在論的なテーマが、日々を生きることの実感のうえに重なって見えてくる。

名越氏の場合は、最初から存在論的な関心から甲野に接近しただけあって、甲野の言う「運命論」の実感を共有するようになったことが、もっとも大きな影響と意識されているらしい。

「もっとも偶然的なものが、もっとも必然的なものと感じられるようになってきたんです。必然感のなかにあって、その必然感は瞬時の自分のチョイスで決まっているという、甲野先生がつねづね言っている運命が決まっていて自由という、そのきわきわの刃《やいば》の上に自分がいる、追いこまれているというような感覚があるんですよね。

それは一種の道徳的観念かもしれない。

今こうしてお会いして話をしてるときに、そのなかに自分がどれだけちゃんとおれるかっていうことが、次の展開につながっているという必然感もあるし、同時に、それは完全に自分にまかされているという実感もある。どう自分をこの空間に置くか、身の置き方というんでしょうか、それは身体的な感覚ですよね。それを意識してるということは、ある流れの中に身をゆだねて無意識的に動いてはいないということです。つまり、前より自由になってるわけですよね。自由だけど、ある必然性を追わないと、次の展開につながらないという実感があるんですね。そういう両方の実感が、前より強まってます。

甲野先生の技は、相手によって変わるでしょう。相手によって変わるということは、その空間のなかにどう身を置くかということとすごくかかわっていると思うんです。先生は、それを僕らにはわかりやすく、中心を消すとか、相手のなかに入るとか言われてますけど、それは僕らが思うような、ここに重しを置いてますっていう中心じゃなくて、身体《からだ》の細かい割れとか、流れのなかで、どこが動きの中心になってるかっていうことであって、動きのなかの中心ですよね。

それは、その空間のなかで自分がどう身を置くかっていうことを、たえず流れのなかで必然的に感じつづけているということでしょう。そのなかから、あの技が生まれていると考えると、僕なんかとはずっと違うレベルで先生は生きているんだという気がします」

たえず流れのなかでの身の置き方を意識するためには、前提として、世界は流れていなくてはならない。

つまり、流れているものとして、世界が感覚されていなくてはならない。

世界が休むことなく流動していると理解することは、観念的にはたやすいことだが、そのように体験し、その流れに即応して動くということは至難の業《わざ》である。概念化して固定されたものとして世界を見ている我々の意識は、流れを、流れそのものとして把握することはできないからである。

それは、我々が甲野の支点のない動きを把握できないのと同じことである。技の原理を観念的に理解できただけでは、対応はできない。

甲野の技を説明されながら受けた人がよく、「頭ではわかった気がしますけど……？」と言って困ったような顔をしてしまうのは、そのためだ。説明された内容は理解できても、その理解に実感がもてない。受けた印象のなかに、構造として知覚できるような手がかりがないためである。実感がないのに、「わかった」とは言えないと思う一方で、説明された理屈については「わかった」とも思い、口ごもる。一人のなかで、理知と身体とが鮮やかに乖離《かいり》し、身体を通さないでは「わかった」ことにならないという、了解の地平の確認が起こる。あるいは、その乖離を承認できず、なんらかのトリックではないかという疑いを持つ人もいる。

それほどに、世界を構造的に把握し、動きをそのメカニズムの働きとしてとらえようとする分析的な理解の仕方を、我々は日常の常識としている。「実感」も、そのような方法的な認知になじんでしまっている。我々は、無意識のうちに、分析的に人生を歩んでいるのだ。だから、「流れを読む」といえば、さまざまな条件を確認し、そこから先の展開を予測することだと思い、達人はそれを一瞬のうちにするのだろうと想像する。

だが、そうした予測のあてにならないことは、これまでの無数の例で、誰もが知っている。たとえ、じっくり時間をかけて徹底的に情報収集をしたうえでの予想であろうと、外れるときは外れる。それでも人は懲《こ》りずに、未来を予測し、将来の設計をする。そのアテが外れそうになると、不安で仕方がなくなり、それを力強く保証してくれるリーダーを求めるようになったりもする。

予測を信じて行動していると、思い込んだ構造と少しでも違った動きになったとき、甲野の技にかかって転がされるように、まるで対応できないのである。

名越氏が「流れの中に身を置く」というのは、そのような分析的な行為の意味ではなく、全体観的な直観によってふるまいを決することである。それは甲野の言う「予測しない動き」にも通じて、世界の流れの急変に対して、その時々に身体をすっと舵《かじ》取って操船するような、感覚的な営みだ。因果論的な思考をたどっていては、流れに間に合わない。

それを身体的に言うなら、全体の流れのうちに響きあいながらともに流れている身体の、その身体の流れに棹《さお》さすようにするとイメージしたらよいだろうか。世界の流れをつかんで乗るというより、世界の流れに同調している身体の流れに乗るのだ。もちろんそれには、外の流れと身体との同調が深められていなくてはならない。そこで、支点なく流動する静謐《せいひつ》な動き方が重要になる。支点を蹴《け》る緊張感に自己を確認して安心するような意識に支配され、概念にすぎない構造をなぞるように動いている身体では、世界の現象は客観的な出来事としてあるだけである。

意識を身体の多様性に向けて開くことは、身体を世界に向けて開くことでもある。偶然と必然とが一致し、運命と自己決定とが重なっているという感覚は、身体が世界と共鳴する場として生きられているときの実感と言えよう。

カウンセリングと技

カウンセリングの場では、一対一でのそれぞれの流れが問題になる。身体と身体が出会えるのは、その流れの同調がとれたときである。

「同調性が、ふっとある高いレベルに入ると、初めて会った人なのに、もう三度目みたいな感じになって、あとになって動揺されることがあります。『なんか話しすぎちゃって恥ずかしいんですけど』って言われることがよくあるんです」

それはきっと、武術の技で倒されたときに、倒されたのか、自分から倒れていったのかよくわからない感じがするときと、同じなのだろう。はっと気がついたら、何の抵抗もなく、いつもなら他人に言わないようなことまでしゃべってしまっていた。たしかに後では動揺するだろうが、しゃべっているときには、爽快感《そうかいかん》があったのではないだろうか。

また、やはり武術の技と同じく、「居つき」ということもあるという。

「カウンセリングでは、患者さんに出会った瞬間から、居ついてしまうということがあります。それは従来のカウンセリング的な議論では、あるイメージのとりこになってしまう、先入観のとりこになってしまうと言われていることです。だけど、それだと、脳の中の話という感じでしょ。

そうじゃなくて、身体の次元で、身体が居ついてしまうとか、それを流せるか、方向を変えられるかというふうにとらえたほうがいいと思うんです。イメージを変えようとすると、あるイメージを変えても、また別のイメージに居ついてしまうんですよ。球みたいなものを置いてるような感覚になるときがいいのかなという気が、理想的にはするんだけど。

カウンセリングっていうのは妙なもので、治してやろうと思うと治らなくて、その人の話のなかのあるポイントにすーっと入っていくと通ったりすることがあります。技が通るというのは、相手を倒そうとするんじゃなくて、そうやって、ある必然的な力の流れ、方向性や速さで、通るか通らないかが決まってくる、その通るかどうかっていうことに注目するだけでも、武術には十分すぎるほどのヒントがあります。

甲野先生の技について考えてゆくと、結局、自我論になるんですよ。

技が通るときというのは、実体はあるんだけど消えていますよね。

技というのは動きで、動きに詰まりや滞り、居つきがあるかどうかということでしょう。つまり、技が存在するだけですよね。

じゃ、実体が消えているなら実体はないのかというと、実体もある。しかし、その実体は、一つ一つの個としての実体と思うのがすでに間違っているという実体なんですよね。

僕たちが観念として、そういう実体観念を前提にして立っているから、それで技だけがあるとしか言いようがないわけです。

ところが、技だけがあるというと、完全にレトリックの世界というか、あっち側の世界になってしまって、ある支配性が生じるんです。『技だけがある』って言った人が、『ああ、技だけがあるんだ』って納得してしまった弟子を支配するという力関係が生じてしまう。それは、個はない、お前はないんだっていうメッセージが、もっと深いメルティングするメッセージとして入ってしまうから。

自我という鎧《よろい》を脱ぎ捨てたあとの危なっかしさみたいなものがあって、そこにしゃあしゃあと技だけがあるんだよって言うと、とたんに強烈な支配性が生じて、ある危機が生じる。そういう世界が展開されるんですよ。

僕は、人が個という観念を離れたときには、すさまじく暴力的な支配性に向けて一気にイデオロギー化するという危惧《きぐ》を感じています」

それは実際、カルト的な宗教団体などでよく見られることである。「技」とは言わないだろうが、「法」とか「仏性」とか「生命」とか「神」とか、言葉はどうあれ、自己を、この瞬間にひらめく鮮やかな感覚の体験のうちに解消されたうえで、観念的な永遠性に回収され、その観念を背景にした人物に支配されてしまう。武術においても、それと同じことが起こりうる。「技」が、ともすれば神秘化されることの危険性である。

それを神秘化してしまうのは、名越氏が言うように、前提にある個我の実体概念である。個と個とは独立して、言語やなんらかの物理的な媒介によらないかぎり影響しあうことはない、という世界観である。念力などの未知の力を放射しているというような発想も、この前提のうえにある。

だが、先に北村氏が言ったように、緊張をこめた身体の前には、緊張した他者が現れる。さまざまな感覚が、他者との同調のうえで生滅し、身体を転変させる。そのような個我たちの生きている世界では、技とは、相手を支配することではなく、みずからが流れに身を開き、両者のいる場の流れの向きを、いずれへかうながすように、働くことである。


「個というものを前提にして、そのうえに関係性があるとする考え方を超えることが、二十一世紀的なテーマだとも思うんです。関係性ということは、さんざん言われてきてることですけど、みんな個を前提にした上での関係性です。関係性ということによって、個というのを超えられると思ってるけど、それは根本的に間違ってると思うんです。それでは、技の世界は何一つ展開していかない。まず個があって、個と個が関係しあってるという発想では、期待をあおることはできるけど、実体的には何も生みだしませんね。

　自我という発想の向こうには、みんな同じ人間という観念があるでしょう。でも実際は、それぞれに違う。男女でも違うし、時間、空間の配置でも違っているはずです」

関係性を個に先立つものとして置くとき、個としてとらえられるものは、千変万化してやまない生きている身体である。

独立した個我という観念を捨てたとき、はじめてそれぞれに無限の個性が見えてくるということだ。

それは永続する個性ではなく、たえず生成され転変しつづける個性である。永続するものは観念だけなのだから。

すべての技は、観念の身体ではなく、そのような生きている身体の出来事としてある。したがって、マニュアル化できる技術が人生と無関係に存在しうるのに対して、技は生きていることと切り離すことができない。

技が人生とともにあるものだとは、古来の考えであろう。

こうしたことはすべて、かつては当たり前だったことなのかもしれない。

だが、ナンバが、それと気づかれず失われていったように、技術はいつのまにか人生と無縁な知識へと堕してしまい、技は忘れられてしまった。人生と無縁な知識だからこそ、実際には通用しない技術が「正しいこと」として流通することもできるのだ。

すべては、身体が、構造として理解され、生きているものとして見られなくなったためである。その身体は、私の所有物にすぎず、その身体のなす行為は、生きているものの行為ではない。

近代における身体観の転換は、生きているものとしての人生を失わせたのである。感覚が、情報を受信し処理することだなどとは思わなかった時代。人が個人ごとに孤立しているなどとは思わなかった時代。身体が筋肉をバネにして動くとは思わなかった時代。そのような時代の人間観を、今日の人は蒙昧《もうまい》というだろう。だが、その時代の人たちは生きているものとして人生を送っていた。それと引き換えにして我々が得たものは、せいぜい生活の便利さぐらいだろう。しかも、その便利な環境にあって、ますます我々は生きている感覚を忘れつつある。

甲野の武術に影響を受けたさまざまな人たちの話を聞いてきたが、彼らは、みずからのうちに技的な身体の可能性を見出《みいだ》し、生きているものとしての人生を歩む覚悟と喜びを選んだ、と言ってもいいのかもしれない。

生きている身体は、他の身体と響きあいながら、その響きや動きを留めようとする観念の檻《おり》を破壊してゆくだろう。スローガンはいらない。ただ生きている身体があれば、そうなるはずだ。

これから、きっと日本は危機的な時代を迎えるのだろうが、だからこそ、理念を掲げて制度の延命をはかったりすることより、まず自分の歩き方を見なおしてみたりすることのほうが重要なのだと思う。

悠長で迂遠《うえん》なようだが、身体観が変わらないかぎり、もはや変革すべき事態の核心には届かないのだ。

いや、そんなことより、何と言っても、生きることが面白く、楽しくなる。それは彊《つよ》くなることでもある。それこそ、今、もっとも求められていることではないだろうか。

身体から、すべては変わるのだ。

対談

動くことと考えること

養老孟司
甲野善紀

甲野が「人生の師匠」と呼ぶ養老孟司《ようろうたけし》氏とは十四年前の対談以来交流がつづき、すでに二冊の共著もある。この日は甲野が初めて養老氏の自宅を訪れ、裏山で鉈《なた》で木を伐《き》るなどした後での歓談となった。

「混ぜる」と「丸める」

甲野　さきほどお見せした、竹刀《しない》をパンと打ち合ったときに威力が出る動きは、二つの力の合成で成り立たせています。片方は竹刀の落ちる方向の成分。それに回転していく成分を合わせるんですが、それを混ぜないでなるべく別々に取っておいたほうが、いいんです。よくトイレの洗剤「混ぜるな危険」とあるじゃないですか。混ぜると、激しく反応するとか、いろいろ危ない。だから、なるべく別々の成分をそのままで取っておいて、その場で混ぜ合わせるようにすると、そこで威力が出るんです。普通はそれはやり難《にく》いから、混ぜておいてやる。でも、混ぜておけるものって威力がないんです。激しく反応しないから。

養老　今のは身体《からだ》の動きだけの話ですが、考えも同じですね。そういう混ぜるやつを、僕は「考えを丸める」って言うんだけど。ごく日常的に言えば、水の中にインクを一滴落としたら消えたとして、学生は「そういうもんだと思っていました」って言う。「そういうもんだと思う」っていうのは、万能の丸め方。結局、混ぜ方でしょう。

混ぜないで、丸めないで、一個一個別々にしておくと、角が立つ。ところが角を立てないと、いまどき大変なんです。世の中とつきあうにも、上手に角を立ててガードしなきゃいけないんですね。今までそういうつきあい方をしないできた。日本とアメリカの関係がそうでしょう。面倒くさいから丸められて添っちゃうっていう。そうじゃなくて、同じ添うにしても、やっぱり角を立ててるときはちゃんと立てておかなきゃいけない。それを甲野さんは、身体でやっている。身体の話と頭の中の話はよく似てるなと思いましたね。

甲野　普通は混ぜて当たり前っていうふうに思っていて、スポーツ的な現代的な身体の動きっていうのは全部、混ぜて斜めにエイッとやっちゃうんです。それを、ここは落としておきながら、それを乗せた身体はこっちに動くというふうにして、結果として斜めになるというふうにすると、威力が出る。今は二つですけど、これが多分、昔の名人・達人という人は、三つも四つも別々なのが結果として合わされていた。

別のたとえで言うと、昔の浮世絵の多色刷りなんて、幾つもいろんな色を重ねていくわけですが、版木は別々です。もし、あれを全部一枚の版木でやろうとしたら、もの凄《すご》い手間だし、塗ってるうちに先に塗ったのが乾いてしまう。だから、部分、部分を、それぞれ別個に用意しておいて、重ね合わせる。これを混ぜて、つまり単色でやってしまうと、多色刷りとは、まったく世界が違うでしょう。動きもこれと同じで、動きを混ぜると単純なことしか出来ないんですよね。武術的な装置として作られた動きと、ある形の繰り返しの延長線上で身につけた動きとは、まったく習得システムが違うなっていうことを、最近思うんです。

養老　僕はよく言われるんですよ。あんたと話すと、話がつながらない、よく飛躍するって。でも飛躍じゃないんですよね。そこは切らなきゃいけない。そこを切らないで丸めて、さっきの動きで言えば斜めに動かす。斜めに動いてれば、「ああ、斜めに動くんだな」って納得するんだけど、回転する話とまっすぐ振り下ろす話とを並べておくから、それは別じゃないかって言われる。僕がなにか、いわゆる抽象的なことを言いますね。抽象的ということは、日常的に使っている論理の何段か上になるんですね。上になるときは、一段目と二段目は違うわけですから、一段目の話と二段目の話は、本来つながっていないんですよ。

面白い例ではね、ローレンツがノーベル賞受賞講演で出してる例がある。電池と抵抗とコンデンサーで出来ている回路。その三つを入れた途端に振動が起こるんです。で、振動は元々、どこにもない。電池にも、抵抗にも、コンデンサーにも振動なんか入ってない。だけど三つにした瞬間に振動が起こる。それに似た話なんですね、論理の段階が違うっていうのは。つながっていないけど、結果として、生まれてくる。ちょうどアルファベットがそうです。DOGって書けば犬だけど、逆さにGODと書けば神。

道具と身体

甲野　この間C・W・ニコルさんに会ったときに、アウトドアで道具を使う能力が日本人は欧米人に比べると、大学生でも幼稚園以下ぐらいひどいって嘆かれてました。刃物の下に平気でコンクリートのブロックとか石とか置いて台にする。そうしたら勢いあまった時に刃が欠けるわけですが「欠けた」っていう感じもない。言われて初めて「何で切れないかと思ったら、そうなのか」って気づくというお粗末さ。

養老　おまえ、研《と》げって（笑）。今は道具を使って工夫するということが全然ない。

だから虫捕れって言うの。

甲野　身体をどういうふうに微妙に使うかということと道具ってセットになっていますよね。鉈で灌木《かんぼく》を切るときにしても生えてるのをちょっとたわめておくと、ピーンと張って力の逃げ場がないから、そこにパンと鉈を入れると、ほんとに簡単に切れる。逆に、木がショックを吸収するようなところに鉈の刃を入れてもフニャフニャ逃げちゃって切れない。

養老　解剖も同じです。最初は皮膚を剝《は》ぐんですけど、顎《あご》の下のところに直角に傷入れて、直角を使って、ちょっと引っ張ってみて、あとはそこに当ててシューッと剝いでいく。それをヘボは切るから、疲れてしょうがないの。

甲野　刃を当てておくとシューッと入っていく。

養老　だからメスがなくてもできる。非常に鈍い刃物で引くんです。あんまり切れる刃物でやると、逆に靭帯《じんたい》みたいなやつは切れちゃうんですよ。

甲野　それはちょうど、ペーパーナイフが鈍いのと同じですね。折り目に沿うようにして少し強く圧力を加えていけばビーッと、紙の切口は少し毛羽立つけど真《ま》っ直《す》ぐ切れる。でも、よく切れる刃物だと、スーッと入っていっちゃうから、かえって切り口が波型になる。

養老氏の自宅裏山を散策

養老　そうなんです。解剖医も鋭い刃物は禁物なんです。神経なんか切らないで綺麗《きれい》に出せばいいから、ピンセットみたいに鈍い物でやる。

甲野　身体の使い方が上手《うま》ければ、なんでもないことを変に科学的に言おうとすると、ここにどのぐらいの荷重がかかるだろうからとかって、使い方の上手下手《じょうずへた》を考えないから結局、下手な使い方を基準にしてしまいますね。だからマニュアルとか基準とかの問題点は、医学の話で言えば、健康保険はマクドナルドみたいにどこに行っても平等な医療サービスが受けられるという前提で、上手い下手があっちゃまずいというような観点が元になっている。特に外科なんか、もう天と地ほど技量の違う人がいるのに、タテマエではみんな同じ。だからみんなを同じにするのが、厚労省の一つの目的になってる。それで結局、基準は下手に合わせてある。
以前に聞いた、あまり言えない話なんですけど、生体肝移植の手術を行うのに、ある大学では五リットルも出血させてしまうのが常識になっていたのに、別の大学の大変上手い先生を呼んでやってもらったら、驚くなかれ出血量が杯《さかずき》一杯ぐらいだったそうです。もうあまりのことに周囲は呆然《ぼうぜん》としたらしいですけど。腕の差っていうのは、かくの如《ごと》し。でも、マニュアルは下手に合わせてるから、輸血用の血液もジャンジャン使う。基準を作るっていうことが、どんどん下手ばっかり量産するんですよね。この間みんなが呆《あき》れた事件みたいに、マニュアル本を見ながら手術して、看護婦が「止《や》めてください」っていうのに「大丈夫」とか言ってやったという。あんなひどい状況も出てくるんですね。

システム優先の社会

甲野　私が以前よく招かれて行った山形県の高畠《たかはた》は、有機農業の里として質のいい農作物を生産していることで名を売っているのですが、ここに数千頭を飼育する大規模な豚舎が来て、環境問題に関心のある人たちが大変困っています。とにかく早く育ててしまおうということで抗生物質を使ったりして無理をしますし、糞尿《ふんにょう》処理もとにかくコストを下げるのが最優先ですから、水源地を汚染する。行政は一応違反していなければどうしようもないという態度で、結局は税金やら何やらの金が欲しいのか、そういうのをどんどん見逃すし、厚労省も文科省もその辺に関しては、全然甘い。

養老　最近、糞虫《くそむし》がいない。糞に集る虫が減っちゃったんです。それは、抗生物質のせいじゃないかって説があるんです。細菌の種類が減ってきて、糞に栄養が無くなっちゃったっていう。

甲野　微生物がいなくなりますもんね、抗生物質で腸内細菌が。

養老　そういうのっていちばん頭にきちゃうね、見えないからね。もうほんとに砂漠みたいだものね。かつては鎌倉で地引網《じびきあみ》引くと、いろんな生き物が入って来たけど。今は何も入ってない。コーラのビンとか何とかばっかりで。

甲野　とくに沿岸の場合、山で木をどんどん伐ってしまうと、川が全然変わってしまって、魚は来ないし、沿岸の漁業もまるっきり違ってくる。ちょっと山をいじるだけで、流れ出た水の感じが違うと、魚がパーッといなくなるから。C・W・ニコルさんも嘆かれていましたが、長野県はこれから七千ヶ所も堰堤《えんてい》なんて砂防ダムみたいなものを沢に作ろうとしてるそうです。あんなの、ほんとに沿岸漁業にマイナスになって意味ないですけどね。何万年もそのまま来てたのに、御用学者みたいなのが堰堤を入れないとたちまち山が無くなるようなことを言って、それで土建業者にどんどん税金を注ぎ込んで、山も川も海も荒らしている。ところがいろんな行政機関って、要するに目先の金が大事で大手の業者に反対するような波風立てたくないっていうのが、本音でしょうね。

養老 そうです。マニュアルもそういうのに使われてるのが多かったんです。マニュアル通りやれば自分の責任じゃないっていう。それは人間中心が良くないって言ってるのね。人の都合じゃ動かなくなっちゃって、システムの都合で動くようになった。サラリーマンはその典型じゃない。満員電車に我慢して乗って、システムの都合にあわせてる。それで僕は、参勤交代だって言ってるんだ。山へ入れって。まあボランティアとか、いろいろあるんですよ。田舎の学校へ行くとか。ただ何かもう少し政策的にやらないと。

甲野 自分で薪《まき》を作って、火をおこして、飯を炊《た》いてっていう、人が山の中にいて生活するための基盤になることをある程度身につけておくってことは、どんな仕事に就いてもいろいろと役に立つと思いますね。やっぱり身体を使ってやるっていう体験がないと、言動がどんどん空洞化していきますから。養老先生がおっしゃるように、システムがどんどん暴走するのを、止めるに止められないじゃないですか。アメリカだって軍事を最優先で、環境問題なんかいろいろあったって、もう人類全体が自転車操業みたいなもので。止まって何か考えようとしてると倒れてしまうから、いろいろ問題はあるけど、とりあえず走ってなきゃあというようなことになって、それが現代のいろいろな問題の元になってる。

養老　でも別に、止まったら、じゃあ倒れるかって言ったら、実はそうでもないんですね。止まれないと思い込んでいるだけだから。

甲野　みんな生活レベルは下げられないとか、何かそういうことを考えて。

養老　生活のレベルって言っても、いろいろありますもんね。戦争中みたいなことを考えたら、何でもない。

甲野　何だか、現代を支配してい

る最低基準を満たしてなければいけないっていう共同幻想みたいなものがあってそれを必死で守ろうとしている感じがしますね。そのためにたとえば原発問題に代表されるように、原発はすごく危険ですけど、電気は絶対要る。「じゃあその代わりはどうするんだ」みたいな形で、問題がどんどん複雑化してきている。それなのに、その対策は、思考停止して単純なマニュアルで対応しようとしているっていうのも、ものすごくおかしいですね。

養老　そう。システムを作ることよりも、単純化して説明する方法を考えた。単純なものを作るのは上手になっているんです。でも、いくらロケットは作れても人間は作れねえじゃねえかということを忘れちゃう。人間を作るには、人間の再生産をするようなシステムが要るわけですね。それが壊れていってるのが少子化でしょう。日本の社会というのは人間の再生産をするつもりがないということです。それはどこか根本的に、生物としてはおかしい。だけど人間は生物じゃねえと本気で思ってる人がいるもの、ときどき。

甲野　でも、このままとりあえず起きてしまった目の前の問題にだけ何とか対応しよう、ということを続けていくだけだったらその方向にどんどんいってしまう。

養老　だから、アメリカの首に誰が鈴つけるかっていう話なの。あれだけの金とエネルギー使って軍事をやられたらどうしようもないもの。まともな人間ならバカバカしいから止《よ》そうって思うんだけど。
そのバカバカしさがいちばん象徴的に出てるのは、オリンピックの百メートル競走。アメリカが必死になってやるでしょう。なんで大の男がさ、百メートル必死で走るんだって、こっちは思ってるんで。「何してるんだ、お前ら」って言いたくなる。この前の夏にロンドンで欧州選手権を観《み》てたら、決勝でフライングか何かでアメリカの選手が出られなくなっちゃって、泣いてるんだもの。あのとき反省すればいいんだよ。「俺、百メートル走るために生まれてきたのか」って。人類五億年の歴史は、脊椎《せきつい》動物になってからの歴史は、百メートル走るためにあったのかって。
甲野　百メートルを走ったときの快感とか、便利だとか、そういうハッキリした単純なことに、いつの間にかものすごい価値が付与されていますからね。もちろん私も、そういったわかりやすい価値観を求める人たちからの需要が最近特に多くなってきて、それで生活が成り立っているわけですが。
養老　だから笑ってなきゃいけないんだ。「百メートル必死に走ってどうするんだ」って言われて、走ってた方も「そうだよな」って一緒に笑ってるのが平和な社会なんだね。「だけど俺は走るよ」って。それがなくなって、怒っちゃうようになると変になるの。

甲野　高校野球の監督さんの名言に「たかが野球、されど野球」っていうのがありましたね。それから歌にある「吹けば飛ぶよな将棋の駒《こま》に、賭《か》けた命を笑わば笑え」って、あれがまさに言ってる。

養老　あの時代は常識だった、そういうことがね。

あとがき

甲野善紀

本書は、私と田中聡《さとし》氏との共著であるが、実際の執筆はほぼ全面的に田中氏の手になる。

今回は当初、私の話したことや下書きしたものを田中氏がまとめるという形をとったが、話があまりにも多方向に渡ったため、私が関わった諸分野の方々から、私との出会いを語って頂いた方が、いま私がやっていること、これからやろうとしていることが、読者の方々により伝わりやすいのではないかという提案が、本書の編集を担当して下さった足立真穂女史から出され、本書全体を田中氏が、田中氏の立場から筆を執るという形になったのである。足立女史とは一年半ほどのお付き合いであるが、今回のこの企画の全面変更は〝英断〟ともいえる見事なものであり、このような方に編集を担当して頂いたことは大変幸運だった。

このような経緯で出来てきた原稿を読み進むうちに、田中氏の筆力に鳥肌がたってきた。私の言いたい微妙な感覚、私が感じている現代社会の矛盾、そうしたことがここまで見事に文字になったことは、私が自分で書いたものも含めて今までになかった。かねてから、田中氏の筆力には敬意を払っていたが、今回ほど感嘆させられたことはない。

思い返せば、田中氏とは出会って既に十年になろうとしている。当時、中央公論社から刊行されていた雑誌『ＧＱ』の中にあった「超人へのレッスン」という連載を、田中氏が受け持たれていて、その六回目に私を選ばれ、取材に来られたのが御縁の始まりであった。その後、交流の輪は広がり、本書の中でもそうした方々について触れられている。

私にとって、田中聡氏が特にありがたいのは、田中氏の書かれたものは他のどの書き手よりも赤入れがしやすいことである。これは、田中氏が私の書いた下書きを使われても、どこをどう変えられたのかよく分からないし、私が田中氏の文章に大幅に筆を入れても、それが活字化されると、どこが私の追加した文章だったかがまったく分からなくなるのである。これは田中氏の文章以外では経験したことがない。

それだけに、今回の赤入れも簡単に終わるだろうと思ったのだが、いざ始めてみると、これが大誤算であった。なぜならば今回、あまりにも見事に書かれているだけに、読み込む方にも熱が入り、さらに良い原稿に仕上がるようにと自然と気を入れてしまうからである。そのため、五～六ページの校正に一時間以上かかってしまったところもあった。

以前、今回本書でもお世話になった養老孟司《ようろうたけし》先生が「いい編集者（書き手）とは、どこが著者自身が書いたものか、著者にも分からないような文章を書く人だ」ということを、私に話して下さったことがあったが、まさにこのお話に当てはまる人物といえる。御縁のあったことに深く感謝の意を表したい。

本書の校正中、私にとっては井桁《いげた》崩しの術理に気づいて以来と思われる、十二年ぶりの術理上の大きな「気づき」があった。

こういうものは、気づいてみると、「なぜこんなことに、今まで気がつかなかったのだろう」と思うものだが（もちろん、そういう思いがまったくないわけでもなかったが）、今回は、我ながら、よく気がついたものだと思った。

ただ、概要を言葉にすれば、それほど多くの文字は要らない。

十二年前、固定的支点を持った、ワイパー状のヒンジ運動の問題点を、井桁形の変形によって新しい観点を開いたが、これは、あくまでも二次元平面の中での展開であり、現実に我々が生きている三次元空間に適応させるには無理がかなりあったということである。

つまり、今回の気づきが、井桁崩し以来の大きな気づきだというのは、平面的モデルを使った、二次元的な井桁崩しの術理に、もう一つの方向を加えた三方向の動きによる三次元技法とでもいうべきものが展開してきたということである。

言語による説明というものは、Aの時にBというように、常に二者間の関係性で理解しているものであり、そこに、もう一つのCが加わると、前者のAとBは、たちまち一括《くく》りのABとなってしまい、そこを無理にAとBに分離したまま説明しようとしても、もはや解説不能になってしまう。それが、この気づきによって明瞭《めいりよう》になってきた。

つまり、我々が、日々行なっているデスクワーク的な仕事は、この二つの関係の事柄の二次元的処理で済んでいるのだが、自分の心内に起こる感情も含めた自然現象は、二次元的方法では本質的に理解することは不可能なのである。

そのために、俳句などは、言語という二次元的道具を用いながら、感覚に訴えるという三次元的世界を現出させ、その無意識に生まれる空間が芸術となったのだと思う。

今回、私は人体の構造上困難であった横方向の動き（床を蹴《け》ったり、側面に倒れこんだりする支点のある動きでは、動きが混ざってしまい、横方向の動きとはいえない）が、地滑り的に身体《からだ》を使うことで生まれることに気づき、まがりなりにも三次元的展開へと踏み出すことが出来た。

もちろん、今後さらなる展開をして、現状を否定し、さらに否定を重ねて、より本格的な自然界の法則そのものを利用したより精妙な古人の術の世界に近づきたいと、願っている。

本書の刊行にあたってそれぞれの御専門の立場から、私についての感想や印象を何人もの方々から述べて頂いたが、あらためてここで、その方々にも御礼を申し上げたい。

まずプロ野球、巨人軍の桑田真澄氏と、桑田氏と私とのことについて述べて下さった朝日新聞大阪本社の編集委員、石井晃《いしいあきら》氏。

半身《はんみ》動作研究会主宰者の中島章夫《なかじまあきお》氏。

コンテンポラリー・ダンスの踊り手として世界的に活躍されている山田うん女史。

筑波《つくば》大学野球部ピッチング・コーチの高橋佳三《たかはしけいぞう》氏。

金沢工業大学の客員教授、田上勝俊《たがみかつとし》氏。

お茶の水女子大学名誉教授の森下はるみ女史。

フルート奏者の白川真理女史。

介護福祉士で、東洋パラメディカル学院の講師も務めておられる岡田慎一郎氏。

神奈川リハビリテーション病院の理学療法士、北村啓《きたむらけい》氏。

精神科医で名越クリニック院長の名越康文《なこしやすふみ》氏。

そして、私とは恐らく五回目ほどになる対談をして下さった養老孟司氏。

以上の方々には、あらためて深く感謝の意を表したい。

また、本書に貴重な資料を提供して下さった小山隆秀《おやまたかひで》氏、演劇評論家の大矢芳弘《よしひろ》氏、最近の私の技のスポーツへの応用で、いろいろと協力して下さった女子バスケットボールで日本代表を務められた濱口典子《はまぐちのりこ》女史。

最近の、そしてこれからの私の武術の動きに最も大きな影響を与えて下さりそうな、共著の刊行も間近な内家武学研究会を主宰する光岡英稔《みつおかひでとし》氏。

私とのとりあわせを奇妙に思われる方もすくなくないかもしれないが、私に強く関心をもっていただいているJAXA（宇宙航空研究開発機構）の的川泰宣《まとがわやすのり》氏。

そして、勿論《もちろん》いま御名前を挙げさせて頂いた方々以外でも、その方との出会いがなければ今日の私がいなかったと思われる方々は両手に余るが、それらの方々も御紹介していては、とても紙数が足りないので割愛させて頂きたい。

ただ、そうは言っても、今日の私に多大な影響を与えて下さり、本書の中でも二、三度その御名前が挙がった整体協会、身体教育研究所所長の野口裕之《のぐちひろゆき》氏の御名前だけは最後に挙げさせて頂き、感謝の言葉を贈らせて頂く締めとしたい。

私は、私が行なっている技、つまり身体の使い方について、それが、正しいとか良いとか思ったことは一度としてない。もちろん、それなりに有効であると思い、人にも示しているが、それらはあくまでも私に関心を持って下さった方々のご参考にして頂きたいということであり、私個人は、常に今までの私の理論を乗り越え、否定し、さらに有効な理論を見つけ、技を進展させたいと思っているのである。したがって、私が言えることは、常に「以前よりはマシになった」ということだけであり、要は如何《いか》に自分自身がより納得できる動きと感覚が得られるかということだけである。

いつの日か、私の感覚の中に「これだ！」という確信が得られた時は「まだマシ」という表現とは違うようになるかもしれないが、それは何とも分からない。

ただ、現在、全国民的問題となっている介護の問題に関しては、関係者が置かれている立場があまりにも悲惨なので、取り敢《あ》えず私が考案した方法を試みられてはどうかと、広く提案することは行なってみようかと思っている。

そして、それが使えるものであり、広く世の中に役立つことがはっきりすれば、さらに広く人々に知らせ、私が考案者だということも忘れていただくよう、そう、ちょうど墓標を作らず、広く森や野に散骨するように拡散させてしまいたい、と最近思うようになったのである。

この先私の進む道が果たしてどのような展開となっていくのか、まるで見当がつかないが、「これが私の人生なのだ」、と納得できる流れに乗っていきたい。

今は、ただ、そんなことを思っている。

平成十六年十二月

※桑田真澄氏は、大リーグのピッツバーグ・パイレーツへ、石井晃氏は、紀伊民報の編集局長へ、高橋佳三氏は、びわこ成蹊《せいけい》スポーツ大学の講師へ、北村啓氏は、地域住環境研究所の理学療法士へと、所属をかえられています。また、光岡英稔氏との共著は、その後『武学探究』『武学探究巻之二』（冬弓舎）として刊行されました。（平成十九年七月現在）

その後の経過報告——文庫版刊行にあたって——

田中　聡

「この三年で、流れがだいぶ変わってきました」と、甲野《こうの》善紀《よしのり》は言う。

本書が単行本で刊行されてから三年近く経《た》った。その間に、スポーツ界では甲野の技法を取り入れることに以前ほどは強い抵抗がなくなったそうだ。むろんコーチなどには否定的な雰囲気で対する人も少なくはないが、頭から拒絶する人は減り、さまざまな種目の関係者からその技法を参考にさせてほしいという要請が続いている。例えば、今年三月に筑波《つくば》大学で開かれた「日本スポーツ方法学会」に招かれた折の反応などは、以前とはずいぶん違った関心のもたれ方になってきたようだ。

また、以前は甲野を遠ざけているかに見えた剣道界でも、甲野の意見を参考にして踵《かかと》を床につけた足さばきを工夫していると公言する剣道家たちが現れてきた。根拠なく守られてきた「基本」の権威に風穴が開いたらしい。

介護の分野でも、ごく一部ながら現場で生かされるようになってきた。この技法で介護を受けた人が、その体験を不思議に感じて興味を持ち、いろいろと質問をしてきたという例もあったそうだ。そうなれば、介護者との人間関係も変わってくる。この技法は、単に介護を楽にできるノウハウではなく、身体《からだ》同士のコミュニケーションを工夫したものだから、助ける／助けられるという関係ではなくなり、苦労や気兼ねといった思いのつきまとう場ではなくなる。身体という未知の領域への探究心を呼び起こされ、場合によっては、介護者と被介護者とが身体の不思議という体験と興味とを共有する共同研究者とすらなりうるのである。それは理想的にすぎる言い方だとしても、そこまでの可能性を持った世界としてとらえられたなら、介護という行為、その職業の魅力も大きく変わるだろう。

本書に登場していただいた方々は、今も甲野の技法を参考にしつつ、さまざまな活動を続けている。それぞれの分野での入門書的な著作も生まれ、高橋佳三《たかはしけいぞう》氏は『古武術 for SPORTS』（スキージャーナル）でスポーツに甲野の技法を応用する際のポイントを、岡田慎一郎《しんいちろう》氏は『古武術介護入門』（医学書院）で介護の具体的な方法を、中島章夫《なかじまあきお》氏は田中聡《さとし》との共著『技アリの身体になる』（バジリコ）で甲野の技を学ぶために考案してきた稽古《けいこ》法を、それぞれわかりやすく紹介している。興味を持った人々のための間口もかなり大きく広がったと言えるだろう。

また甲野を紹介したドキュメンタリー映画『甲野善紀身体操作術』（藤井謙二郎《ふじいけんじろう》監督）が、二〇〇六年暮れに公開され、単館上映ながら翌春まで何度も上映が延長される人気となった。テレビにもたびたび出演し、内容的には不本意な結果になることもあったが、放送のたびに反響があったという。裾野《すその》は大きく広がっている。

また最近では、巨人をやめてパイレーツに移籍した桑田真澄選手のメジャーデビューが、とても大きな話題になっている。

桑田選手は、巨人を退団する直前に甲野のもとを訪れ、野球をやめたくないという心情を語ったという。当時の桑田選手は、投球は不調だったが、守備ではこれまでで一番よく身体が動いていると感じていた。投球にしても、フィールディングで一塁へ送球するときにはすごくいい球を送れた。

「ここでやめたら、きっと五十、六十になってから、なぜあのときやめたんだろうって後悔すると思うんです」

桑田選手はそう言い、甲野もやめないほうがいいと応じたという。正しい選択だったことは、現在の活躍ぶりを見れば明らかだ。甲野によれば、当時の桑田選手の投球が不調だったのは、身体をねじる癖が戻っていたためだったという。投球として意識しない一塁への送球はよかったということは、そこには意識の問題も大きく作用しており、メジャーリーグの環境で心理的に解放されたことも好転を招いたらしい。

アテネ・オリンピックへの出場を機に引退した女子バスケットボールの濱口典子《はまぐちのりこ》選手も、アイシンAWウィングスの選手兼コーチとして現役に復帰、ウエイト・トレーニングやいわゆる科学的なトレーニングを強いられることのない立場を得て、甲野の技法を活用し成功している。チームはトップリーグであるWリーグ入りし六位に、そして濱口選手は得点王となった。

こうした選手らのめざましい活躍が、甲野の技法に対する世間の興味を集め、取り入れることへの抵抗を弱めたということもあろう。この技法でやってみようとする人が周囲から受ける否定的な圧力は弱くなってきた。それが、この三年の最大の変化であるという。

では甲野自身の技法は、この三年間にどのような展開をしたのだろうか。

「もっとも大きな変化は、それまで考えてきた術理を踏まえたうえでのことですけれど、同時並行的な意識をしていては行えない動きこそ、術と呼べるほどの動きだと実感したことです。そのこと自体は昔から日本の剣術で夢想剣などと言われていることと重なるのですが、中国の韓氏意拳に直接触れたことで明確になってきました」

科学的方法は、対象を諸要素に分解し、それらの因果関係で説明しようとするが、その説明の論理は常に単線的なものとならざるをえない。二者に限定した関係ならば論ずることができるが、三つのものが相互に及ぼしあう影響を計算することはできない。まして身体の内部のように無数といっていい部分が同時に動いている状態を記述することはとうてい不可能だ。

「十九世紀にポアンカレなんかが取り組んで、今も解決できないでいる三体問題。月と地球と太陽の三つの天体がどういうふうに作用し合っているかということは正確にはわからない、というような問題ですね。簡単にいえば、あちらを立てればこちらが立たず、ということです。右に注意をはらえば、左がおろそかになる。左を注意すれば右がいい加減になる。それが論理の世界の限界です。科学的思考というのは、一対一対応だということですね。例えば、『ことば』という言葉は、音が順番に聞こえるからわかるので、『こ』『と』『ば』と三人で同時に発声したら、意味がわからない。まして、百文字のセンテンスを、百人が同時に一音ずつ言ったら、まったくわからないでしょう。論理や言葉は、同時並行的には把握できない。しかし、視覚なら同時に処理できます。雑踏の中で親しい人にあってもすぐわかるでしょう。身体の感覚は、そういう同時並行的な処理なんです。車を運転するときの手足の動きや、ミュージシャンが全身、たとえば顎《あご》なんかまで使ってリズムを取りながら楽器演奏することをみてもわかりますが、優れた動きほど同時並行処理ができている」

だが、どう動こう、何をしよう、という意識によって行われる動きは、その意識によって単純化されてしまい、同時並行性を弱められてしまう。そこで「なにげない動き」であることが必要になる。

「量子力学の不確定性原理がいうように、計測しようとすることが対象を変化させてしまう。知ろうとすることは、その知りたいものの内容を変えてしまうのです。知ろうなどとせず、そのままにあれば、そのままあるわけです。夢想剣などで、無心の状態のときは『これをしよう』と思わないから自然に手足がうまく働くと言われることと通じています。

そのことは前から知っていたのですが、韓氏意拳に出会って、すごく明瞭《めいりょう》になったのです。意拳は老荘思想をもっとも体現した武術だといわれています。民に慕われるのは次善の王であり、最善の王はその存在が意識されないと荘子にありますが、韓氏意拳の独特なところは、私はその影響をすごく受けたように思うのですが、それがどういう影響なのか、自分ではよくわからないということです。そういうところが韓氏意拳の韓氏意拳たるところだと思います。

韓氏意拳では、具体的なこと、部分的なことは、すべて間違いであるとされます。

具体的な認識というのは、頭で編集してしまったものですから、すでに違っているんですね。そして、いいと思う感じを覚えておいて、それを再現しようとしてはいけない、とも言われます。この二つがとても印象深かったですね。

とかく、うまくいったときに、『この感覚を忘れるな』などと言われますが、それは頭で変形して覚えてしまいがちです。それを再現しようとするときは意識でやるわけですから、うまくいかないということですね。

ですから、今の私がやろうとしているのは、具体的には、うまく言葉にならないものを組み合わせていくということです」

つまり言語では説明できないということになるが、そうなると、これまでのように本を書いたり人に説明したりすることは困難になるだろう。

「ある面では、確かに難しくなりました。しかし、ある面では簡単になったとも言えます。そして何より、私自身にまったく違った発想をうながしてくれている気がします」

そうなると稽古法も、意識的な工夫は不可能になってしまうが、どうするのだろう。

「稽古法とは、能力をひきだす環境の作り方だと思います。頭で限定して、これをやりましょうとやるんじゃなくて、いかにその人の能力が育ち磨かれるような環境を作るか」

ここ一年ほど、特にそのことを考えていたという甲野は、最近になって知ったという明治時代の奈良十津川《とつかわ》の異色の剣客、中井亀治郎の修行法に非常に感銘を受けたという。亀治郎は青年期、山の斜面の崩壊地に空の醬油樽《しょうゆだる》を転げ落として、それを棒で叩《たた》きながら一緒に駆け降りていくという修行をしたという。

「神業のような剣客のエピソードは数多く知っていますが、それがすぐに自分の動きの参考になったということはほとんどないんです。しかし、この樽ころがしの話には大変教えられました。このことを思いながら身体を動かすと、いろいろわかってくるんです」

それは、意識的に局部の動きを工夫する余地などない状況に自分をおき、そこで生まれてくる動きの全体を磨いていく稽古法と言えるだろう。そのような状況設定の工夫をこそ稽古法として考えるべきだと甲野は考えているようだ。

甲野は、最近の人間のコミュニケーション力や状況への対応力の衰えを、身体能力の衰弱によることと見る。その意味では、身体の能力を導き出すような環境作りという観点は、稽古のためという以上に、生活環境の設計上からも考えられるべきことかもしれない。それは普通に言えば不便な環境となるだろう。だが近代以降、あらゆるものを平滑化し便利にしてきたことは、けっして人を幸せにはしてこなかった。

「政治形態にしても、江戸時代の階級制度は悪いものだとされがちですけれど、驚くほど巧妙自在に運営されていたようです。完全に住み分けていて、町人でも、その多くは武士に対してほとんど劣等感なんてなかったらしいですね。階級制度のもたらすわかりやすさと面白さによって、人には物語ができる。それで生き生きと楽しげに暮らしていたんですね。これに対して民主主義は、誰もが平等ということを振りかざして、何でも平板化し、物語ができる余地を摘み取っています。その結果、非常識な注文を教師にする親や、客としての権利を振りかざし、クレームをつけることだけが人生の彩《いろど》りという人が増えたのは、あまりに悲しい」

　そう考える一方で甲野は、工学研究者との交流も深めている。それはある目論見《もくろみ》があるからだ。

「今の社会は、すっかり機械的になって、まともに人が生きているような状態じゃないですけど、それに制限をかけるということは無理ですから、むしろ優れた機械の開発に協力していったらどうかと思うんです。ロボット工学に手を貸すということは、ターミネーターのような危険なロボットを生み出す可能性だってあるわけですが、いろいろ高度な開発をした挙句《あげく》に、人間の身体のほうがずっと凄《すご》いじゃないかとショックを受けるようなことが起こる可能性もあると思います。『青い鳥はここにいた』、みたいな気づきですね。そして日常で身体を動かすだけでも面白いと思えるようになったら、世の中も違ってくるでしょう。

遠回りでも、それ以外ないんじゃないかなあ。ただ、人間一人一人がそういう気持ちになるかどうかは、誰かに言われたからといってそうなるものではないでしょう。やはり、自分で実感して気づかないと駄目でしょう。もっともそんなことは万に一つ、いや億に一つの可能性でしょうが、それでもその可能性にかけて何かするしかないですからね。何もしないよりは」

突飛な発想にも聞こえるが、今の世に悲観的であればこそ、アクロバティックに未来への希望を今につなぐしかない。未来は予測できないのだから、確率を考えるより、とにかく蒔《ま》ける種を蒔くこと。それも全方位的に蒔くこと。それが甲野の選択であるようだ。今日の世間での甲野の技法の受け容《い》れられようを思えば、実際、これからどのような発芽があるか予想はできない。予想できないことを希望というのだろう。

平成十九年七月

この作品は平成十七年一月新潮社より刊行された。

野々村馨著
食う寝る坐る
永平寺修行記
その日、僕は出家した、彼女と社会を捨てて。曹洞宗の大本山・永平寺で、雲水として修行した一年を描く体験的ノンフィクション。

最相葉月著
絶対音感
小学館ノンフィクション大賞受賞
それは天才音楽家に必須の能力なのか？　音楽を志す誰もが欲しがるその能力の謎を探り、音楽の本質に迫るノンフィクション。

竹内薫
茂木健一郎著
脳のからくり
気鋭のサイエンスライターと脳科学者がタッグを組んだ！　ニューロンからクオリアまで、わかりやすいのに最先端、脳の「超」入門書！

池谷裕二
糸井重里著
海馬
—脳は疲れない—
脳と記憶に関する、目からウロコの集中対談。「物忘れは老化のせいではない」「30歳から頭はよくなる」など、人間賛歌に満ちた一冊。

池波正太郎
津本陽
直木三十五
五味康祐
綱淵謙錠著
剣聖
—乱世に生きた五人の兵法者—
戦乱の世にあって、剣の極北をめざした男たち——伊勢守、卜伝、武蔵、小次郎、石舟斎。歴史時代小説の名手五人が描く剣豪の心技体。

柴田錬三郎ほか著
剣狼
—幕末を駆けた七人の兵法者—
激動する世を生き、剣一筋に時代と切り結んだ男たち——。千葉周作、近藤勇、山岡鉄舟ら七人の剣客の人生を描き切った名作七篇。

新潮文庫最新刊

内田康夫著
不知火海
失踪した男が残した古いドクロは、奥歯に石炭を噛んでいた——。九州・大牟田に長く封印されてきた恐るべき秘密に、光彦が迫る。

乃南アサ著
駆けこみ交番
閑静な住宅地の交番に赴任した新米巡査高木聖大は、着任早々、方面部長賞の大手柄。しかも運だけで。人気沸騰・聖大もの四編を収録。

阿刀田高著
こんな話を聞いた
さりげない日常の描写に始まり、ゾクリあるいはニヤリとさせる、思いもかけない結末が待つ18話。アトーダ・マジック全開の短編集。

志水辰夫著
ラストドリーム
仕事を捨て、妻を亡くし、自らをも失った男は、魂の漂流を始める。『行きずりの街』の著者が描く、大人のためのほろ苦い長篇小説。

内田幹樹著
機体消失
台風に姿を消したセスナ。ハイジャックされた訓練用ジャンボ機。沖縄の美しい自然を舞台に描く、航空ミステリー&サスペンス。

松尾由美著
雨恋
会いたい。でも彼女と会えるのは雨の日だけ。平凡なサラリーマンと普通のOL（ただし幽霊）が織りなす、奇跡のラブ・ストーリー。

新潮文庫最新刊

塩野七生著

ローマ人の物語29・30・31
終わりの始まり（上・中・下）

空前絶後の帝国の繁栄に翳りが生じたのは、賢帝中の賢帝として名高い哲人皇帝の時代だった――新たな「衰亡史」がここから始まる。

梅原猛著

日本の霊性
―越後・佐渡を歩く―

縄文の名残をとどめるヒスイ文化と火焔土器。親鸞、日蓮ら優れた宗教家たちの活動。越後、佐渡の霊性を探る「梅原日本学」の最新成果。

ひろさちや著

しあわせになる禅

禅はわずか五つの教えが根本原理。名僧高僧のエピソードや禅の公案の分析から、禅の精神をやさしく読み解く。幸せになれる名著。

甲野善紀
田中聡著

身体から革命を起こす

武術、スポーツのみならず、演奏や介護にまで変革をもたらした武術家。常識を覆すその身体技法は、我々の思考までをも転換させる。

酒井順子著

箸の上げ下ろし

男のカレー、ダイエット、究極のご飯……。「食」を通して、人間の本音と習性をあぶりだす。クスッと笑えてアッと納得のエッセイ。

石田節子著

石田節子のきものでおでかけ

かんたん、らくちん着付けが石田流。職人さんの手仕事、「和」の楽しみ……着物の奥深い魅力を知って気楽におでかけしましょう！

身体《からだ》から革命《かくめい》を起《お》こす

新潮文庫　こ-43-1

平成十九年九月一日発行

著者　甲野《こうの》善紀《よしのり》
田中《たなか》聡《さとし》

発行者　佐藤隆信

発行所　株式会社 新潮社
郵便番号　一六二―八七一一
東京都新宿区矢来町七一
電話 編集部(〇三)三二六六―五四四〇
読者係(〇三)三二六六―五一一一
http://www.shinchosha.co.jp

価格はカバーに表示してあります。

乱丁・落丁本は、ご面倒ですが小社読者係宛ご送付ください。送料小社負担にてお取替えいたします。

印刷・錦明印刷株式会社　製本・錦明印刷株式会社

ISBN978-4-10-132651-1 C0175